SHENZHEN
CHUANGYE
GUSHI 2

深圳创业故事 **2**

深圳市科技创新委员会　主编

杨柳　执笔

海天出版社
HAITIAN PUBLISHING HOUSE

·深圳·

图书在版编目(CIP)数据

深圳创业故事 . 2 / 深圳市科技创新委员会主编 ; 杨柳执笔 . — 深圳 : 海天出版社 , 2021.5
ISBN 978-7-5507-3142-4

Ⅰ . ①深 … Ⅱ . ①深 … ②杨 … Ⅲ . ①企业家 – 访问记 – 深圳 – 现代 Ⅳ . ① K825.38

中国版本图书馆 CIP 数据核字 (2021) 第 045868 号

深圳创业故事 2

SHENZHEN CHUANGYE GUSHI 2

出 品 人	聂雄前
责任编辑	杨华妮
责任技编	陈洁霞
责任校对	万妮霞
封面设计	度桥制本 Workshop

出版发行	海天出版社
地　　址	深圳市彩田南路海天综合大厦（518033）
网　　址	www.htph.com.cn
订购电话	0755-83460239
设计制作	度桥制本 Workshop
印　　刷	深圳市希望印务有限公司
开　　本	787mm×1092mm　1/16
印　　张	12.75
字　　数	154 千
版　　次	2021 年 5 月第 1 版
印　　次	2021 年 5 月第 1 次
定　　价	48.00 元

编委会

致敬创业者

深圳，短短 40 载，一个发展的奇迹，从边陲小镇成长为国际化大都市。

这里诞生的一批批科技企业，改变着人们的生活：华为的产品和服务遍布 170 多个国家和地区，服务全球 1/3 的人口；腾讯从 PC 端的即时通信服务起家，发展到微信和互联网金融服务，成为互联网领域的龙头企业；比亚迪研发生产的电动巴士已经在欧洲、美国、澳大利亚等地的街头奔驰……

一批科技新秀纷纷崛起，赋予了这座年轻城市高速发展的动能。一个个动人的创业故事，诉说着一座城市的繁荣。伟大的公司离不开优秀的领军英雄，比如，任正非之于华为、马化腾之于腾讯、王传福之于比亚迪。他们遇见这座充满生机的城市，便将最美好的年华交付与她，与她的命运紧密交织，谱写了一个个圆梦传奇。

今天，我们要介绍一个个新的圆梦传奇，他们同样是执着的追梦人，演绎着精彩绝伦的创业故事：走出大学校门就创业的陈振杰，创办深圳极视角科技有限公司，入选"2020 年福布斯亚洲 30 位 30 岁以下精英榜"；从科研机构辞职创业的赵盛宇，创办深圳市海目星激光智能装备股份有限公司成功登陆科创板；美国麻省理工学院博士后温书豪，创办的深圳晶泰科技股份有限公司成功为来自中国、美国、欧洲、日本的数十家先锋药企提供了新一代的药物研发服务……无论他们过去有多么不一样的经历，可他们殊途同归，都选择来深圳创业。

他们为何要选择深圳？他们对创业有什么独到的感悟？这本书将带您走近他们，聆听最真实的深圳创业故事。

你会发现，传奇的缔造者们，正是把他们自己的梦想与这座城市的愿景同频共振，演奏出了如此荡气回肠、令世界瞩目的中国创业交响乐章。

一座城市依靠创新崛起，制度的力量是关键。深圳市委市政府在制度创新上不遗余力，敢为人先。

从 1999 年开始举办高新技术成果交易会，深圳着力推动经济从"三来一补"向自主创新发展；进入新世纪后，"速度深圳"向"效益深圳"的战略转型启动；2005 年开始，深圳把自主创新战略作为城市发展的主导战略；2008 年 9 月，深圳发布《深圳国家创新型城市总体规划（2008—2015）》，这是我国第一部国家创新型城市规划，深圳创新发展有了新的行动纲要。10 多年的发展，深圳在创新载体建设、战略性新兴产业聚集、创新文化营造方面取得了不俗的成绩。

深圳鼓励和扶持了中国科学院深圳先进技术研究院、深圳量子科学与工程研究院、深圳市大数据研究院等一批新型研发机构，这些新型研发机构为深圳基础研究和源头创新贡献了新鲜血液。

深圳陆续出台了生物、互联网、新能源、新材料、文化创意、新一代信息技术、节能环保等七大战略性新兴产业规划政策，2017 年启动规划建设十大未来产业集聚区。近年来，战略性新兴产业规模年均增长 20% 以上，增加值占全市生产总值比重超过 35%。在战略性新兴产业领域，涌现出一大批明星企业，包括普门科技、大疆、海目星等龙头企业，还有人工智能领域的云天励飞、晶泰科技、码隆科技等新星。

深圳人崇尚创新，举国上下皆知。连续举办 22 届高交会、12 届中国深圳创新创业大赛[1]，无一不是深圳市委市政府构建创新创业生态的杰作。展会、大赛有效聚集了人才、成果、资金等各种创新要素，推动一流科技成果尽快落地产业化，造福全社会。在政府积极构建的创新生态中，崇尚创新创业的文化氛围已经深入深圳人的血脉，"敢于冒险、崇尚创新、追求成功"的企业家精神的演绎传承显得格外生动，造就了深圳发展的新内涵。

说到创业者和政府的关系，政府为创业者提供公平公正的制度环境和政策服务，创业者集中精力在技术研发、企业管理、市场开拓等方面发力。创业者是深圳创新大潮中的主角，政府只是配角。定位明确，各司其职发挥各自的作用和价值。

习近平总书记在党的十九大报告中指出："创新是引领发展的第一动力，是建设现代化经济体系的战略支撑。"2018 年 3 月，在第十三届全国人民代表大会第一次会议上国务院总理李克强作政府工作报告，对加快建设创新型国家提出明确要求，并重点提出打造"双创"升级版的新任务。

在打造"双创"升级版的过程中，深圳市科技主管部门重视对关键核心技术和产业共性技术攻关的引导，一方面通过实施重点技术攻关项目，撬动高校、科研机构、企业、社会资本多方发力，在关键领域、"卡脖子"的地方下大功夫，尽早突破；另一方面，以关键共性技术、前沿引领技术、现代工程技术、颠覆性技术创新为突破口，率先前瞻布局新一轮重点科技产业发展，努力实现关键核心技术自主可控。同时全面深化科技体制改革，提升创新体系效能，着力激发创新活力。

---

[1] 2017 年，"中国（深圳）创新创业大赛"更名为"中国深圳创新创业大赛"。为了避免因采用两种不同表述法而引起误会，本书统一采用"中国深圳创新创业大赛"表述法，简称为"深创赛"。

在中华人民共和国成立 70 周年之际，《中共中央国务院关于支持深圳建设中国特色社会主义先行示范区的意见》正式发布，深圳站在新的起跑线上，肩负着新的历史使命，未来将书写新时代"春天的故事"。在此背景下，深圳深入推动"科技创新、万众创业"显得更为紧迫和重要，要敢于啃硬骨头，敢于涉险滩、闯难关，破除一切制约科技创新的思想障碍和制度藩篱。

各类创新创业者，包括海外留学人员，高校、科研机构、大企业的高管与技术人员，也包括大学生、"打工仔"。为了让读者更方便地了解不同类型的创业者的故事和感悟，《深圳创业故事 2》按不同类型创业者分为四章：第一章 "草根创业蛹成蝶"，讲述了普通的"打工仔"、大学生的创业故事，他们如何从一无所有的"草根"变身为成功的企业家；第二章 "舍弃安逸将弄潮"，讲述了从外企、科研机构等单位离职下海创业的故事，他们告别"舒适区"后走上激动人心的创业之路，披荆斩棘；第三章 "留学归来长报国"，讲述了 4 位留学人员归国创业的精彩故事；第四章 "百折不挠终无悔"，介绍了连续创业者的故事，他们不止一次创业，失败了从头再来，坚持不懈的精神是他们成功的法宝。

为了避免后来者掉入创业过程中同样的"坑"里，这些创业者们无私分享了创业心路历程，包括自己失败的教训。这既体现出他们百折不挠的奋斗精神，又展现出甘为人梯、乐于分享的社会使命感。

在这里，我们深深感恩每一位创业者的信任和支持，感恩他们对美丽深圳做出的宝贵贡献。

让我们向创业者致敬！

（贾敬敦 科学技术部火炬高技术产业开发中心主任）

目录

第一章

草根创业蛹成蝶

做一番伟大的事业，总得在青年时代开始。

——歌德

陈永强，"90后"创业者，曾休学创业。他作为联合创始人带领团队创办了影石创新科技股份有限公司，并且登上"2017年福布斯中国30位30岁以下精英榜"。

吴淮均，曾是一名石油勘探领域的仪器操作员。他创办的深圳面元智能科技有限公司，凭借"SmartSolo智能地震数据采集装备"项目荣获第五届中国硬件创新创客全国总决赛冠军。

魏博，曾是一名金融培训师助理。他创办的深圳市前海手绘科技文化有限公司，成为国内短视频行业细分领域的头部企业。

陈振杰，研究生毕业不久就开始创业。他创建的深圳极视角科技有限公司，创新性地打造计算机视觉PaaS云平台的商业模式，现已成为计算机视觉领域TOP 10企业。

他们曾是一无所有的大学生和最普通的打工仔，从什么时候开始萌生了创业的想法？又是如何一步一步圆了自己的"老板梦"？

他们一无所有，所以无所畏惧；他们年轻而充满梦想，把最好的青春年华投入到创业的大潮里，由此翻开了波澜壮阔的人生新篇章。

"一家富有创新实力的公司，不是认真规划出来的，而是在高速变化的市场中，在不断试错中快速进化而来！"

陈永强，影石创新科技股份有限公司联合创始人，入选"2017 年福布斯中国 30 位 30 岁以下精英榜"。

深圳岚锋创视网络科技有限公司（"影石创新"前身）荣获 2017 年第六届中国创新创业大赛电子信息行业总决赛成长组三等奖。

陈永强：

快速进化成就影石辉煌

陈永强是一名"90后"创业者，典型的草根逆袭的代表人物。2015年，他与朋友一起带领团队创办深圳岚锋创视网络科技有限公司（2020年更名为"影石创新科技股份有限公司"，简称"影石创新"）。2017年，陈永强率团队在第六届中国创新创业大赛电子信息行业总决赛上勇夺成长组三等奖；同年，陈永强登上"2017年福布斯中国30位30岁以下精英榜"。

2020年，影石创新获得世界5G大会"5G应用十大创新企业"称号，同年4月，获得了中信证券、金石资本、招商局伊敦基金、招商局中国基金、基石资本与利得资本等机构数千万美元D轮融资。即使在新冠肺炎疫情冲击海外市场的背景下，截至2020年6月，影石创新的业绩仍逆势增长，营业收入达3.5亿元。

回顾影石创新的发展历程，陈永强的话语掷地有声："一家富有创新实力的公司，不是认真规划出来的，而是在高速变化的市场中，在不断试错中快速进化而来！"

一个很能折腾的东北男孩

出生在黑龙江省的陈永强，生性活泼热情。学习铁路相关专业的他，面对冰冷的铁轨和火车头，发现这可能不是他所希望的："未来的生活可以一眼望到头，那种按部就班的生活并不是我想要的人生。"

陈永强是在互联网陪伴下成长起来的新一代，他对互联网上的新鲜事特别上心。从小就不安分的他，很快在学校成立了一个团队，为人人网做校园推广，并且结识到齐齐哈尔大学、齐齐哈尔医学院等高校的很多大学生，成为大学校园里的活跃分子。后来，他尝试着创办了"鹤城生活"微信公众号（已注销），通过学生导流、线下发传单、团购等形式，5个月就有了1.2万用户关注度。

"我在'鹤城生活'的公众号上及时推介本地服务，比如，给当地的饭店老板代理发广告，给企业发布一些兼职招聘信息，一个月可以挣到近两万元。"陈永强认为这种生意模式没有门槛，需要进行技术方面的提升，于是在朋友的引荐下，他认识了南京大学软件工程专业的"技术极客"刘靖康。

| 两条平行线的相遇

"我是想到什么就要立马去做的人。我向父母提出休学，开明的父母没有阻拦，同意我休学创业。我独自一人一路向南，搭车到广州，与微信公众号'大学助手'创始人刘靖康相见。此前，我们俩就像两条平行线在各自的空间发展，但在2012年年底，我们终于相遇了，我们成了创业的黄金搭档。"

在平行线的那段日子里，刘靖康已经是小有名气的技术达人，因破译奇虎360集团董事长周鸿祎的手机号而走红网络。2012年8月30日，刘靖康在腾讯的暑期实习到了最后一天，全部工作完成后，他点开了一段记者采访周鸿祎的视频，其中在拨打电话时一连串的按键音引起了他的注意。刘靖康意识到按键音和号码是一一对应的，于是开始研究起这串号码，没过多久，便破译出了一个号码。为了求证，他忐忑地拨通了这个电话。事后，周鸿祎在微博上给出了回应，证明刘靖康确实破译了他的手机号码，并且向刘靖康直接发出了邀约。

刘靖康在大学里创办了"大学助手"微信公众号，给学生提供查询快递和查询四六级成绩等服务。当陈永强与刘靖康在广州第一次见面交流的时候，他们探讨了微信公众号的发展趋势，达成了一个共识，就是以后公众号只会越来越好用，但微信公众号天花板太低，因此在这个领域创业没有多大的意义。刘靖康提出做直播的想法，并邀请陈永强跟他一同去南京大学开始新一轮的创业。

｜ 从"名校直播"起步创业

2013 年正好是我国"4G 元年"，智能手机广泛应用，直播成为热点。2013 年，正在读大三的刘靖康向父亲借了 15 万元，和陈永强一起创办了"名校直播"，面向国内重点高校进行视频直播，并提出了从视频采集、编辑到直播的系统方案。

"当时，我负责去跟学校、学院沟通，刘靖康专门负责写代码，他的软件技术很牛，可以支撑两三百人通过手机同时在线观看视频。我们把这个产品在大学校园里逐步推广，在全国六大城市九大名校举办了 200 多场直播，包括大学里的迎新晚会、名师讲座等。但渐渐地，我们发现校园视频内容品类太多太分散，缺乏爆品，盈利模式不清晰。通过这次创业，我们充分意识到，好的技术和产品不一定就是好项目，要有清晰的盈利模式，才能够获得长足发展。"陈永强介绍。

2014年5月，陈永强和刘靖康在接受IDG资本100万美元的种子轮融资后，团队决定将主打产品从"名校直播"转变为"V直播"，面向商业用户提供视频直播解决方案，这样商业盈利模式就更清晰了。

"我们提供企业级的直播服务，向每家企业收费近万元，这个服务比较受欢迎。2014年年底，我们赚到了100多万元，当时团队成员才不到10个人，"陈永强说，"我们发现用手机直播视频只能拍到局部，并且清晰度不高，用户观感不佳，难以把现场很好地分享出去。我就在想是否存在一种可能，把选择观看角度的权利交给用户呢？全景相机可能就是最好的解决办法。2014年3月，国外Facebook公司宣布与沉浸式虚拟现实技术的领头羊Oculus VR公司达成最终协议，以近20亿美元的价格收购Oculus VR公司。我和刘靖康看到这个消息的时候，一致判断虚拟现实技术将是下一个社交和通信平台出现的强有力候选者，而能用于虚拟现实的全景相机必然会有巨大的市场。"

｜ 南下深圳创业犹如"开挂"

"在大学校园里创业的阶段中，除了技术方面的不断创新，我们也在这个过程中积累了一定的团队管理经验、商业推广理念和人脉资源。"陈永强坦言。然而，现在要从直播转型做全景相机，从软件直接转型到智能硬件，这谈何容易！首先是人才构成，之前团队成员都是软件专业出身，现在需要找硬件高手；再就是供应链资源方面也是一片空白。

为了做好全景相机，陈永强到处考察创业环境，最后选择在深圳扎根，因为深圳是消费类电子方面的创业天堂，供应链齐备，IT人才聚集，市场

深圳总部办公现场

化成熟度高。2014年年底，陈永强在宝安区租了一套80平方米的复式民居，一层住宿，另一层办公。

他除了忙于注册新公司外，还需往返南京和深圳两地，对团队成员做说服工作，因为团队大部分人员都是还未毕业的大学生，都不曾到过深圳，要说服他们跟着自己跑到深圳来创业，绝非易事。但是陈永强不厌其烦地跟员工一个个地沟通，从他们个人的职业发展规划聊到企业未来的发展。就这样，团队跟着他一起南下了。

"2015年5月1日，整个创业团队从南京搬到了深圳。到了深圳，我们就像'开挂'似的，从产品研发到企业融资，一切都变得更加顺利。"说到这里，陈永强眉开眼笑，这个东北大男孩为自己当年下定决心来深圳发展感到骄傲。

2015年3月，陈永强和刘靖康到上海，给著名风投机构启明创投负责人做项目路演。"当时，我们只有一个 DEMO（样本）机器，用 PPT 介绍了我们想做一款消费级的运动相机，最终打动了投资人，顺利地获得启明创投 800 万美元 A 轮投资。"2016 年 3 月，影石创新获迅雷网络领投、启明创投、IDG 资本跟投的数亿元 B 轮融资；同年 8 月，获苏宁集团战略投资。

自从到了深圳，两人带领的研发团队开足了马力，废寝忘食地做新产品研发，用一年时间做出了第一款产品。如今 5 年过去，他们的产品、技术不仅在国内全景相机行业遥遥领先，更是走出了国门，在 CES（国际消费类电子产品展览会）中惊艳亮相。

虽然一路走来看似顺风顺水，但其中的艰辛只有他自己知道。陈永强用轻松的语气谈到创业过程中蹚过的"坑"。比如，原型机做出来后，刘靖康带着相机去北京见投资人。由于路途颠簸，刚到达北京，相机已经接触不良了。"那段时间，我们出差总要带一套修理设备，一旦相机出现问题，立即就维修。"

陈永强的脸上总是浮现着乐观的笑容："关关难过关关过，我们每天都会遇到不同的问题，只要我们拼尽全力，就一定都能跨越。"

｜ 爆品畅销海外，影石屡获大奖

影石创新积极参与国家各项创新创业赛事，获得了政府部门的大力支持。2016 年 3 月，影石创新参加第二届中国"互联网 +"大学生创新创业大赛，刘靖康带领团队作为初创团队参赛，凭借"Insta360 全景相机"项目，喜获亚军。

2017 年，陈永强带领影石创新团队参加了第九届深创赛，在这次比赛中获得了电子信息行业决赛优胜奖，同年获得了第六届中国创新创业大赛电子信息行业总决赛成长组三等奖。"我们获得 50 万元奖金，这对刚起步不久的我们是一种认可和鼓舞，也坚定了我们持续创新、研发产品的信念。"陈永强回忆道，"那一年，我们在技术创新上获得了很大突破，创新研发了能拍'子弹时间'的全景运动相机 Insta360 ONE，这款产品随后也斩获了 2018 CES 创新大奖和 iF 国际设计大奖。"

Insta360 影石主要产品一览

2016 年，影石创新凭借 Insta360 Nano 这个爆品在海外一炮走红。该产品采用直板造型，灰白混合配色，前后双镜头，每个镜头都是超广角 210°，通过前后两个超广角鱼眼镜头拍摄 360°图片或视频，再进行实时拼接，可拍摄 3K 分辨率（3040×1520）的全景视频。这是一款可以直接插在苹果手机上使用的智能全景相机，远销美国、日本、法国、德国等 100 多个国家。

"我们还用这款相机在 2016 年的双创周上与李克强总理拍了一张全景合照，感到非常荣幸。"陈永强的语气不无自豪，"我们的产品入驻苹果直营店及官方商城，成为全球首个入驻苹果商店的全景相机品牌；与徕卡联合设计了多镜头防抖运动相机 ONE R 一英寸版本，成为全球首款搭载徕卡影像技术与一英寸传感器的运动相机。"

影石创新不断地推陈出新，他们的创新工作也得到了政府的大力支持。2019 年，影石创新获得深圳市科技创新委员会（简称"深圳市科创委"）技术攻关面上项目"5G 通信的 8K 全景摄像机关键技术研发项目"扶持资金 300 万元，帮助企业在全景摄像机领域取得了重大技术突破。这项研发成果在很多重要场合的报道中承担重任：

2019 年 3 月，全国两会上，央视新闻、新华社等主流媒体均采用 Insta360 Pro 2 专业级 VR 相机等完成首次 5G VR 两会直播。人民日报社新媒体中心则通过"5G+VR 全景"技术进行直播。

2019 年 10 月 1 日，在庆祝中华人民共和国成立 70 周年阅兵活动中，新华社、CCTV 等媒体使用 Insta360 Titan 和 Insta360 Pro 2 相机，对阅兵仪式首次进行 5G VR 直播，创新探索融媒体新闻报道新方式。

2020 年 2 月，武汉打造火神山、雷神山医院期间，由中国电信、华为与影石创新提供技术支持，央视频深入雷神山医院建设最前线，独家开设 24 小时不间断 VR 全景直播，引发"云监工"式关注。

2020 年 6 月，央视频慢直播在西昌发射现场使用 Insta360 Pro 2 全程 VR 记录北斗三号全球系统收官之星发射，让千里之外的观众能够"近距离"感受火箭升空现场。

…………

创新永无止境，发展永不懈怠。如今，影石创新已经拥有近 600 名员工，硕士及以上学位人才比例超过 20%，拥有国内外专利 145 项。将 Insta360 影石打造为全球知名的智能影像品牌，这是陈永强和刘靖康共同的梦想。陈永强在展厅里展示刚推出的多款全景相机，他说："我们的初心，也是

央视频慢直播在西昌发射现场使用 Insta360 Pro 2 全程 VR 记录北斗三号全球系统收官之星发射

我们的企业使命，是帮助人们更好地记录和分享生活。我感到最为自豪的是，在高速变化的市场中，Insta360 影石通过不断试错获得快速进化的能力，目前我们的全景相机在全球市场的占有率为 33%，排名第一，但我们相信未来还有巨大的进步空间。"

"我们遇到这样的时代，处在改革前沿的深圳，具备再次出发的优势条件和能量，真的由衷感叹广阔天地，大有作为。"

吴淮均，2013 年在深圳创办深圳面元智能科技有限公司，担任企业总裁。

深圳面元智能科技有限公司荣获 2019 年第八届中国创新创业大赛先进制造行业总决赛成长组优秀企业奖。

吴淮均：

用"芯"技术助力中国石油勘探

　　2019 年年底，人民日报、新华社、中央电视台等多家媒体报道了新疆的秋里塔格区"世界级的勘探难题"被征服的消息。秋里塔格地区布满"刀片山"，沟壑纵横深不见底，可谓寸草不生，被称为"黄羊和雄鹰都到不了的地方"。复杂的地形让人望而生畏，山路往往只能通行一人，说物探人员是行走在"刀刃"上亦不为过。就是在这样恶劣的环境中，中国勘探队完成的勘探项目，是目前国内一次性采集面积最大、施工难度最高的山地高密度三维采集项目。而这一新闻事件里的主角是深圳面元智能科技有限公司（简称"面元科技"）成功研制的国内首套大型高端节点式震动感知装备，它破解了在"世界级勘探禁区"实施高密度勘探的难题，打破了近 60 年国外对中国勘探装备技术的垄断。过去几十年，我国的石油勘探仪器设备几乎都依赖进口，国家不仅每年要支付巨额外汇购置和维护这些洋装备，而且技术上也受制于人，售后服务跟不上。为了改变国产石油勘探仪器装备落后的现状，吴淮均与他的创业伙伴们，携手创办了面元科技，设计和制造具备国际领先水平的国产勘探仪器装备。克服了重重困难，这位草根创业者终于实现了实业报国的梦想。

| 石油勘探仪器行业里的两名老兵

吴淮均是石油勘探仪器行业的一名老兵，从大学毕业到今天，一直在这条战线上奋斗了 30 多年。

"我一直都觉得自己非常幸运，因为自毕业后，我不仅学以致用从事与自己所学专业相关的工作，而且自进入职场至今，也一直就在这个行业里摸爬滚打。事业的发展紧随着地球物探行业的发展，到现在，我们团队创办的面元科技甚至能影响行业的发展，并且能代表中国在物探行业取得中国制造的话语权，这是我们发自内心最觉得自豪的地方，更是不断激励我们前行的动力源泉。"吴淮均真诚地说。

地球物探行业是一个极其辛苦的行业。大学毕业后，吴淮均的职场生涯起步于天津大港油田旗下的地球物理勘探公司。在这里他遇到了毕业于天津大学电子仪器及测量技术专业的一位很重要的创业搭档，他们俩从最基层的仪器操作员做起，后来又做现场技术服务支持。那时工作条件相当艰苦，现场工作场地一般都是野外，如沙漠、山区、戈壁、滩涂，甚至经常遇到极端恶劣的天气。

吴淮均回忆道："从 1984 年开始，我在油田工作了 9 年，野外工作条件极其简陋，当时连帐篷都没有，有时就住在农民家里，一个房间挤着十几个人，吃的饭菜都是凉的。那段时间的野外工作，对我们身体和意志都是极大的锻炼。但这段艰苦岁月给予我们的巨大财富是对社会的了解、对国内石油工业现状的了解和国内勘探行业对高效设备强烈需求的了解。"

在工作期间，他们俩先后被多次派到美国和德国去学习，也是在这样的对比和学习中，他们第一次产生了共同的想法："我们一定要研发制造我们中国自己的大型勘探设备，拥有自己的技术支持，我们自己的设备一定要和欧美进口的高科技设备站在同一水平线上。"

1993 年，这两位共事多年的伙伴又都应聘于一家美国勘探设备公司北京分公司，为该公司在国内销售的产品做售后技术支持服务工作。这段工作经历让他们更加了解国外设备各方面的技术细节和市场需求，这更坚定了他们创业的想法。

| 从代理贸易转战自主研发

这两位"草根"创业者在 1999 年开始将创业的想法付诸行动，先后在加拿大和中国注册了 DTCC 公司，主要代理中国生产的勘探设备，为中国产品开拓国际市场。

"当时国产勘探设备只有一个特点，就是价格便宜，但产品质量方面与欧美品牌相比差了很远。那个时候，我最怕半夜 10 点以后接电话，因为绝大多数是关于设备质量的投诉电话，半夜要处理质量问题是很操心的事情，所以我严重失眠了。"吴淮均说。经过慎重的思考后，他们决定用欧美的技术标准、国内的制造优势，自己生产勘探设备。

2006 年，吴淮均在廊坊设立第一家生产厂，主要生产应用于恶劣环境下的数字传输电缆和连接器。经过两三年的努力，他们生产的设备质量可以与欧美品牌媲美了。

2007 年吴淮均的公司开始研发震动传感器，进军高端设备市场，并且开始扩充研发团队。2012 年开始，吴淮均又给自己设立了一个新的起点，开始研发全球最领先 SmartSolo 节点式智能地震数据采集系统系列产品。自主研发实际上是一条漫长而艰险的道路，需要持续投入大量的资金和人力资源，还需要足够的耐心与坚持。经过团队的刻苦研发和精心打磨，着眼于高端震动感知装备 SmartSolo 系列产品终于诞生了。该系列产品采用最先进的技术，包括定位、大数据处理、新材料的应用，抓住野外产品要可靠性高的核心要求，将野外产品的体积、功耗、操作性等打磨到极致，让野外装备布设及资料采集工作简单化，达到低成本高质量的良好效果。

"2014 年，综合考虑人才优势、产业配套、投资环境、政府服务等各方面的情况，我们选择在深圳福田区设立一家分公司，这是面元科技公司的前身，主要负责研发 SmartSolo 新产品。我们在高科技行业中，注入传统的工匠精神，争取打磨一款中国物探领域的王牌产品。"吴淮均说道。

在经过几万次试验，解剖了几千个产品，攻破了几百个技术难点，掌握了关键的技术诀窍后，面元科技终于把产品和客户体验做到了极致。

| 拳头产品给中国人带来自豪感

功夫不负有心人。2016 年，面元科技第一套震动传感器销往澳大利亚，受到了客户 Terrex 物探集团的青睐。该客户的总部位于布里斯班，是澳大利亚最大的物探承包商，为全球油气以及资源公司提供前沿的地震采集、工区勘测、数据处理等服务。为了客户有更好的体验，面元科技先后投入了六批售后技术服务人员，出色地协助客户高效低成本地完成了勘探施工任务。

SmartSolo 颠覆了传统的设计理念，具有三大优势：第一，过去每采集一炮就需要看一下数据，以判断是否可行，而 SmartSolo 完全采用纯"盲采"的方案，只要客户按照面元科技的简单部署指导，在施工时，可以不用担心数据采集端，SmartSolo 能够保证最终数据采集的质量；第二，由于采用了面元科技自主研发的高可靠性的"芯"，SmartSolo 能做到低成本、高品质；第三，从设计上，面元科技遵从至简原则，既降低了设备的生产制造成本，也省去了野外工作人员不必要的工作，一年最多可以节省 60% 的人工成本。

在 2017 年至 2018 年，Terrex 物探集团多次使用 SmartSolo 智能地震传感器，高效高质量地完成了四个大型勘探项目，因此引起了行业内的广泛关注。

在喜人的发展形势下，吴淮均再次壮大企业，以"面元"为名，注册商标，于 2017 年 5 月在深圳正式成立了深圳面元智能科技有限公司。"面元"，字面理解就是把一整块大平面根据分析需要分化成无数小的平面单元，而从每一个小的单元取样分析得到的数据，就可以描述或解决整个大平面的情况或问题；简单说就是人们常说的"由点及面"。吴淮均对"面元"这个品牌的创立倾尽了心血。

面元科技的产品已经销至 40 多个国家，服务于全球物探行业巨头，是全球物探市场营业收入排行第一的企业的合作商，2019 年面元科技的产品占据了当年全球 80% 的智能地震勘探设备市场份额。自 2017 年以来，面元科技的销售量保持每年 100% 左右的增幅：2017 年，SmartSolo 智能震动传感器全球销量 40000 道，2018 年销售量翻番至 80000 道，2019 年销售量突破 150000 道。从 2019 年开始，面元科技的年销售额突破 2 亿元人民币。

汇聚各方资源站在新起点上

吴淮均介绍，面元科技在短短 3 年时间里，已经拥有了几十项专利和软件著作权。目前集团共有近 200 名员工，拥有国内外一流院校毕业及硅谷工作经验的技术骨干人才。创始人和核心成员有超过 30 年的行业工作经

面元科技在第八届中国创新创业大赛先进制造行业总决赛上获奖

历，积累了丰富的产品经验，对世界一流的高端装备技术构架和客户体验有切身体会，有广阔的国际视野和先进的产品理念。

就是这样一支能战斗的团队，屡次从创新创业大赛中胜出，多次站在了镁光灯下。

2019 年 11 月 7 日，面元科技进入了在洛阳举办的第八届中国创新创业大赛先进制造行业总决赛。全国先进制造行业参赛企业 5655 家，272 家参赛企业进入总决赛争夺年度奖项荣誉。经过半决赛、总决赛的激烈角逐，面元科技进入"全国十六强"，并获成长组优秀企业奖。

2019 年，第五届中国硬件创新创客大赛全国总决赛在深圳隆重开幕，来自华南、华北、华东三大分赛区的 11 支硬创团队携不同技术领域的创新项目在第二十一届高交会的赛场上争夺最高殊荣。经过激烈角逐，面元科技凭借自主研发的"SmartSolo智能地震数据采集装备"项目荣获冠军。

2019年12月29日，从塔里木油田公司传来喜讯：使用SmartSolo采集设备完成的"塔里木盆地中秋2三维地震采集项目"，被评为油田2019年物探采集项目中唯一的"优质工程"。

| 中国人最好的创业时代

深圳市科创委给予面元科技创客创业资助、科技创新券、中小企业上规模奖励等；福田区也给予了十二核心人才支持、"科技企业高成长"先进制造业－新入库支持。另外，新冠肺炎疫情期间，福田区还非常及时地给予了包括2020福企返岗稳岗支持、防护用品和劳动用工保障等多方面支持。吴淮均细数着深圳市和福田区给予企业的点点滴滴支持，更把这些支持当作企业发展的巨大动力。

不论是从大赛中脱颖而出，还是获得国内外客户、政府部门的称赞和表彰，面元科技这支团队始终保持着艰苦奋斗的作风。他们依然战斗在戈壁、沙漠等人迹罕至的荒野，默默地为中国物探行业研制最尖端的仪器设备。

"这是百年来中国人最好的创业时代，我们又能给自己什么样的新起点？这是我们作为企业的引领者必须提前思考的。我们不能只满足于挖掘深度，我们还需要抬起头来，放开视野，打开我们的广度，进行横向的探索，我们将视野从野外投向身边——智慧城市、建筑桥梁、高铁地铁、高科技农业，甚至是向大自然提出挑战，包括针对地震、泥石流、山体滑坡等自然灾害的预警。我们遇到这样的时代，处在改革前沿的深圳，具备再次出发的优势条件和能量，真的由衷感叹广阔天地，大有作为。"吴淮均语气铿锵，目光坚定。

———

　　"只要在正确的方向上不断地前进，积跬步以致千里，我们所定的远大目标就能实现。"

魏博，深圳市前海手绘科技文化有限公司创始人，2017 年 8 月被深圳市政府授予"深圳市高层次领军人才"称号。

深圳市前海手绘科技文化有限公司荣获 2018 年第七届中国创新创业大赛互联网行业总决赛成长组二等奖，2018 年第十届中国深圳创新创业大赛互联网和移动互联网行业决赛企业组三等奖。

魏博：

打造好用的动画短视频创作平台

　　不论是在公众场合还是在办公室里，魏博都喜欢戴一顶红色运动帽，若不微笑，他的面相显得比同龄人成熟，可一笑起来，不到 30 岁的他又透出几分孩子气。这是国内短视频行业细分领域的头部企业——深圳市前海手绘科技文化有限公司（简称"前海手绘"）领军人物魏博给人的第一印象。

　　前海手绘创办于 2015 年 7 月，诞生之初是从简陋的出租屋起步。当初魏博想搬进专业孵化器，却未能如愿，只能在出租屋里慢慢苦练内功。而到了 2018 年和 2019 年，前海手绘旗下品牌来画声名远播，魏博连续荣登福布斯亚洲 30 位 30 岁以下精英榜、胡润百富中国 30 位 30 岁创业领袖榜单，被聘请为新华社官方动画指导专家。这使他感受到身上所肩负的更大使命。

　　前海手绘的办公室位于前海世茂大厦 36 层，从魏博临窗的办公室向外眺望，可以看到前海高楼大厦林立，一片欣欣向荣。魏博有一句自评："来画这个动画短视频创作平台帮助 800 多名画师实现就业，来画平台产生超过千万部作品，全网播放量超过 100 亿，成为文化和旅游部、新华社、人民日报的官方战略合作伙伴。这是我们团队努力 5 年的阶段性成绩。"

| 为圆创业梦从民房起步

2015 年，23 岁的魏博来深圳前海金融管理学院应聘金融培训师助理，此前，他曾在中国建设银行总行工作过一年时间。

魏博在深圳前海金融管理学院了解到平安银行的一个广告业务，需要把平安的理财产品用简单的语言介绍清楚。他发现语言文字在描述理财产品上十分局限，如果用动画视频则很容易介绍清楚。之所以有这个想法，是因为他在读大学的时候去过韩国，发现许多韩国年轻人喜欢使用美国 Prezi 软件进行视频创作。当时韩国 4G 网络刚兴起，所以他知道中国的 4G 网络一旦发展起来，网速大幅提升，短视频大火就是必然趋势。

于是，魏博尝试用 Prezi 软件为平安理财产品做了一个小视频，用动画形式清楚介绍理财产品，没想到效果奇好。

2015 年 6 月，他完成了平安理财产品这个小作品，自主创业的种子开始在他心底萌发。当时深圳正被"大众创业、万众创新"的热潮席卷，很多年轻人都想创业。这时魏博就想到成立一支动画视频制作的小团队，可以承接银行等机构的动画视频创作业务。同年 7 月，来画在深圳南山正式成立。

"我来深圳的初期，最早是花 800 元在泥岗村租了间十几平方米的房子居住。后来创业了，我和几个伙伴同租了一套 80 平方米的民宅，这里既是宿舍，也是办公区。"魏博回忆道，"我当时想搬到前海梦工场、36 氪或 3W 咖啡去办公，可他们都觉得我们出身太'草根'，没有知名互联网企业的工作经历，就不愿意接纳我们，我们就只能待在民房办公。"

| 在艰苦奋斗中依稀看到了希望

对于魏博来说，待在哪里办公其实并不重要，重要的是他要不断地创新，不断地突破自己的边界。最初，公司没有稳定的创作订单，他就到中小学去推广来画，希望从教育机构拿到一些动漫创作的订单。

2015年秋天，经朋友介绍，魏博认识了余晓曦，她果断地投资了来画50万元。"她是来画的第一个天使投资人，后来我们又结识了道生壹投资有限公司，获得250万元的投资。在创业启动半年内就获得两笔天使投资，这对我们是雪中送炭啊！"魏博说道。

获得天使投资后，来画做了一件大事，魏博至今想起来都觉得很了不起。"我们2016年2月跟'同道大叔'合作，'同道大叔'是因2014年7月在微博发布一系列星座吐槽漫画而走红，2016年年初已有5500万粉丝。我们跟'同道大叔'的合作是把他们的漫画做成动漫视频，传播出去后，按4：6分成，我们拿四成，他们拿六成。我们团队一口气做了56集动漫视频，每集都有10万以上的播放量，累计播放了500多万次。这样来画平台就一炮走红了。"魏博认为与"同道大叔"的合作，获得了流量，把来画品牌塑造得比较高端了。

与其他功能单一的短视频平台相比，来画数字化云端视频办公创意平台拥有"短视频云端创作能力""视觉资产管理协同系统""全视频办公宝""创作者联盟""视频营销""教育培训"六大产品矩阵，为用户提供了真正意义上的一站式视频化办公服务，降低了制作门槛，减少了制作成本，提高了传播的效率。

视频协同创作成画师的乐园

魏博带领团队为来画构筑的核心竞争力主要体现在两个方面：一是平台上海量的正版素材，为来画建立起了资源优势；二是平台的核心技术全部自主研发，包括手绘动画引擎、文字手绘效果、手绘视频生成、手绘视频中结合实拍视频、AI Auto-Draw（自动绘图）、AI 配音、手绘动画中结合 MG（动态图形）动画等。

"我们一直在做研发方面的投入，做工具性软件其实很烧钱，所以我们前期必须养一批画师，接订单，维持流水，等到软件成熟了，可以形成软件销售时，画师就要减少。"魏博口中的工具性软件是什么呢？原来是指来画团队独立开发的动画引擎核心。从素材的解析加载，到素材在画布上的显示和动画绘制，来画完全不依赖于其他框架，且针对不同平台、系统的显示和渲染机制做了适配。原创引擎的优势体现在来画具有全平台覆盖并持续快速迭代的能力。而且，来画平台的模型训练数量达到亿量级，图像识别准确率达 97% 以上，可快速对用户的手绘素材进行图像再生和智能推荐。来画平台支持将 PPT 一键导入转换成演示短视频，能够完整解析 PPT 文件的所有元素种类，极大降低用户制作演示短视频的技术门槛。这些强大的实用功能，给短视频创作者提供了极好的应用体验，因此来画获得口碑相传的推广，取得了飞速发展。

高速发展带来了企业转型的阵痛。2019 年 6 月，由于来画融资的进度不理想，面临裁员危机。魏博说："我们过去是依靠画师创作，画师的队伍比较庞大。2019 年画师创作的订单不够支撑养画师的成本，这个时候必须压缩成本，就要通过裁员降低成本，赢得发展空间，于是一批画师和管理层人员就陆续被裁掉了。我们从 230 人裁到 170 人，这个过程对我来说是很痛苦的，毕竟很多人对来画平台也曾做出贡献，我们也产生了感情。经过半年多时间，我们苦心研发的软件产品推出来，来画成为拥有核心技术的平台型公司，并且签了800多名画师，成为画师的乐园。至此，成本控制住了，利润来源更合理了，投资机构也更看好我们了，所以说我们的转型成功了。"

即使在来画内部经历着转型阵痛的时候，魏博依然坚持带领团队在主题漫画道路上大步前行。2019年6月，来画作为人民日报社主办的"我与中国"全球短视频大赛官方合作伙伴，成为大赛作品创作与征集的分平台。2019年7月，来画视频Web端平台发布国内首创"PPT一键转视频"黑科技；9月，与松巴音乐达成战略合作，拓展来画视频平台正版音乐素材库；11月，与新华社达成战略合作，联手共建"新华时政动漫短视频平台"；与视觉中国达成战略合作，获得正版素材授权。

| 勇当全球抗疫"宣传员"

在来画的展示厅陈列着一封感谢信，那是中国驻温哥华总领事馆寄来的，感谢来画为海外留学生以及侨胞们提供有力的支持和帮助。这是因为来画团队制作的防疫视频在海外广泛传播，给予成千上万的海外华人及时的指导和鼓舞。

2020年新冠肺炎疫情期间，魏博带领来画出品了28集的疫情防控短视频宣传片，免费提供给各大媒体机构进行传播推广，积极与全国人民一起科学抗疫，充分展示了来画的社会责任感和担当。

其中，最具代表性的原创作品《来画健康指南》防疫科普栏目，获得了数十家权威机构与视频平台的强力推广，包括人民日报、央视频、腾讯视频、新浪微博、PP 视频、咪咕视频、丁香医生、同花顺等，并在深圳四大地铁线路与 400 多条公交线路、青岛四大地铁线路的屏幕终端全天候播放，曝光量累计达 4.2 亿次，全网播放量超 1.8 亿次。

此外，在疫情期间，来画还联合武汉市新媒体行业协会，面向武汉本地企业，免费提供"商业版短视频创作工具"软件服务；联合前海科控推出"前海云＋战疫服务包"，为前海企业提供免费的优质"商业版短视频创作工具"软件服务，为这些企业抗击疫情新增一只数字化"援手"。

疫情之后，来画的用户从 300 万跃升至 1000 多万，这是因为在疫情期间，很多企业和个人不能外出办公，就宅在家里用来画平台做短视频。

｜搭上 5G 快车指数级攀升

如今，来画拥有 47 项发明专利、32 个软件著作权证书、3 个作品登记及 161 项注册商标，累计拥有千万用户，产生千万部作品，全网播放量超过 100 亿，成为文化和旅游部、新华社、人民日报的官方战略合作伙伴。

来画总部设在深圳前海，作为技术研发中心，并已另外布局了 18 个城市，包括北京、上海、武汉、南京、苏州、成都、海口、合肥、福州、赣州、广州、南宁、长春、三亚、青岛、长沙、厦门、香港，团队总人数超过 230 名。来画至今为止完成了天使轮、Pre-A 轮、A 轮、B 轮、B+ 轮和 B3 轮累计 5 亿元的融资，投资机构包括真成投资、英飞尼迪资本、第一视频、普维资本、雷雨资本、头头是道、启赋资本等。

魏博介绍，2019 年公司营业收入超过人民币 5000 万元，2020 年营业收入近亿元。2020 年 5 月 28 日，来画视频 5.0 升级上线，开启短视频在线协同创作新体验。

从创立前海手绘开始，魏博秉承着严谨认真、精益求精、追求完美的工匠精神，拼搏进取，不断钻研，带着团队在成长和强大的路上从未停下脚步。前海手绘从80平方米的简陋出租屋中办公，到如今入驻5A级甲级写字楼前海世茂大厦；从一个4人的微型工作室，到今天全国员工近300人，布局全国19个城市；从一个动画工具到如今成为中国首家全领域数字化视频创意创作平台。

前海手绘的诞生、成长、发展，走过了"站在短视频风口上，不断突破自己的上限"的岁月与历程。迄今为止，前海手绘荣获"第七届中国创新创业大赛互联网行业总决赛成长组二等奖""第十届中国深圳创新创业大赛互联网和移动互联网行业决赛企业组三等奖""2020人民网内容科技创新创业大赛全国总决赛一等奖""工信部'汇新杯'互联网创新大赛全国总决赛金奖"等50余项重量级奖项。

魏博感恩一路遇到的贵人，他始终记得帮助过他的人和机构："我们在深圳前海扎根，政府给予我们房租、经费各方面支持，比如，政府给我们补贴了50%的房租，深圳市科创委给予我们软件研发的资助。在中宣部、科技部的指导下，新华社在前海落地国家级传媒实验室——这是全国仅有的4个国家级重点实验室之一，也是媒体融合生产领域首个国家级重点实验室——来画负责运营。我们正在引入5G数字城市战略合作资源，配合前海对接多家优质企业，让猫眼娱乐、建行大学等多家优质企业落地。未来，来画还将联合众多文化企业的伙伴，在前海打造全国最大的5G短视频公园基地，把前海的科技强项和文化旅游产业结合，大力发展数字文旅产业。来画的愿景是致力成为全球领先的数字创作创意平台。"

"创业对创业者的考验就好比是'铁人三项赛'。"

陈振杰,深圳极视角科技有限公司创始人,入选"2020年福布斯亚洲30位30岁以下精英榜"。

深圳极视角科技有限公司荣获 2016 年第八届中国深圳创新创业大赛总决赛企业组三等奖、互联网和移动互联网行业决赛企业组一等奖。

陈振杰：

在 AI 领域搭建视觉算法商城

陈振杰是一名研究生毕业后不久就开始创业之旅的草根创业者，他坚持"三个相信"的原则，即相信趋势的力量、相信时间的力量和相信持续成长的力量。

5 年里，陈振杰带领一支平均年龄不到 30 岁的团队，在 AI 领域搭建视觉算法商城——极视角，完成融资 5 轮，累计融资额超过 2 亿元，而他本人也入选"2020 年福布斯亚洲 30 位 30 岁以下精英榜"。

| 看准大趋势，选择 AI 赛道创业

原本陈振杰可以在北京大学攻读完博士学位，再找一份稳定的高薪工作，过上惬意的都市生活。可内心向往在商海闯荡的他并没有将"硕博连读"进行到底，在博士二年级的时候义无反顾地选择了一条充满不可预知风险的人生道路，走上职场，开始闯荡。

最初，他在 Bain & Company（贝恩咨询公司）以及 KPMG Advisory（毕马威咨询公司）等国际咨询机构担任驻场顾问，为零售行业、化工合成行业、电力行业等提供咨询服务解决方案。

但陈振杰觉得："咨询服务只能为别人提供方向性的指导，却无法锻

炼实际落地的能力。后来我应聘到腾讯负责移动游戏战略相关工作，参与腾讯游戏精细化数据运营体系等重点项目建设工作。在那里我萌生了创业的想法，我觉得按部就班的职场生活并不适合我，我更向往需要冒险精神的创业。"陈振杰有两位关系很好的大学同学罗韵和陈硕，他们三人常常聚在一起碰撞有关创业的想法。2014 年，他们开始启动创业项目，在澳门成立了极视角公司。

"那个时期，我们还是不断试错的阶段，做过蓝领佣工平台、'微餐饮'的系统等，这些项目折腾几个月就都夭折了。我们分析后决定选择时间窗稍微长一点的赛道，这个时候人工智能赛道出现在我们面前。"陈振杰平静地诉说最初的摸索过程，极为理性的语气仿佛在讲述别人的故事，"人工智能在未来 10 ~ 20 年一定是处于周期向上的行业，而且 2015 年进入这个行业也恰逢其时，当时人工智能行业刚兴起不久，已经吸引了不少高端人才的进入，包括商汤科技、云天励飞等 AI 算法公司都是在 2014 年创办的。我们将在腾讯做游戏时的思路与 AI 赛道对比，发现与游戏行业类似的市场结构将会出现两件事情：一是专业化分工；二是平台的出现。未来 AI 行业的趋势是满足头部客户的头部需求，如人脸识别会由顶级科学家供应；对于头部客户场景需求和行业客户全链条需求，会由初级、中级、高级开发者进行供应；两边都是非常分散的市场结构，中间就有平台企业发展的机会出现，所以极视角是按照这个结构和思路去做的。"

虽然瞄准的是平台化公司的目标，但陈振杰和他的伙伴们决定把"算法自研"作为早期获取客户的主要驱动力，创业初期对 AI 落地可能遇到的困难、所需要的工具、全链条交付结构做了一个整体梳理。

与其他创业公司无异，一个初出校门的初创团队要拿到融资绝非易事。2015 年，陈振杰开始每天与 10 多位天使投资者会面。他回忆了早期融资阶段的艰辛："我一共见了 100 多位投资商，三番五次地介绍商业计划书，都快讲成了复读机。由于缺乏融资经验，我并不了解专业投资机构的决策流程，低估了融资的难度。再加上我们是属于大学生创业，很多投资机构虽然对人工智能赛道认可，但对我们几个毛头小伙子缺乏信心。为了得到投资机构的信任和支持，我正式辞职创业，全身心投入融资工作中，最后在深圳获得了中美创投约 300 万元人民币的天使轮融资。这笔融资对我们来说是'及时雨'，给予我们早期创业很大的帮助。也是这次融资过程中，我看到深圳的科技企业发展环境远优于澳门，2015 年 7 月，我们在深圳正式成立了深圳极视角科技有限公司。"

| 相信时间的力量，路越走越宽

深圳极视角科技有限公司在 2016 年面临着重大转型，从算法自研转为搭建开发者平台，正式转型为平台型公司，也就是说，陈振杰选择了一条更难的路。

"2016 年，极视角平台的冷启动还是挺难的。困难点在于是从开发者、算法一侧开始启动，还是从客户一侧启动。最终，我们选择自研算法，拥有自己的内部算法团队，当算法团队做出了零售行业的解决方案，就走到市场里建立初步的客户蓝图，并逐步将算法外化出去。"陈振杰回忆道，"我们团队相信时间的力量，只要在正确的方向上走得足够久，就一定能证明我们的所有努力是值得的。2016 年 5 月，我们获得 Pre-A 轮投资，由昂若资本、初心资本、德同资本、中美创投、宝德股份、河石资本投资，投资金额为 1000 万元。记得签约那天，我对联合创始人说了一句话：'我们做的这件事情是越往后走越容易。'"

获得这笔投资后，极视角花费两年时间开始着手搭建开发者生态。在陈振杰眼里，开发者生态具有两层价值，即社群价值和经济价值。极视角推出的"极市平台"，就承载着维持开发者社群运营热度的工作。

2017年12月，极视角迎来了华润这个大客户。这次合作，是极视角的重要转折点，华润在日后成了极视角的股东。在拿到华润投资之前，极视角已经与华润的各个板块有了一年半的产业落地合作，将AI视觉技术应用到电力、燃气、水泥等项目中，并让华润高层看到了实际的效果。

陈振杰认为，华润之所以没有选择大公司，而是与极视角合作，是缘于极视角是一家平台型公司，因为华润有五大业务板块、二十余个利润板块中心，每个板块需要人工智能和图像识别技术解决的问题大相径庭，单一的人脸识别只能解决其不到10%的需求，而极视角综合性平台的定位显然更加适用。

他举例说："就拿华润电力来说，它不仅需要人脸识别的算法，而且需要能针对电力厂区等复杂环境多场景的识别算法，比如，能够检查工人有没有佩戴安全帽，有没有在工地打电话或者吸烟，现场是否发生火灾等。极视角可以让开发者实现在平台的引擎基础上，依据客户的特定需求完成各自的任务。"

基于和华润的深入合作，2018年，极视角团队主要做的是碎片商城的标准化工作，包括对外业务流程标准化、算法交付模式标准化、内部运转体系标准化，以保证组织运转效率。

极视角在业务上站稳脚跟之后，开始布局更底层的东西。2018年至2019年，极视角的工作重心是开发引擎和开发基建，因为开发者算法与最终客户所需要的产品之间，有大量基建环节，AI交付也早已不是单一算法交付，是系统性的交付。如今，极视角开发引擎有10万多名开发者在平台

青岛极视角人工智能基地

上做算法迭代，也是国内较大的开发平台引擎。

2019 年 8 月，极视角宣布完成 B 轮融资，由高通创投领投，华润创新股权投资基金、创兴前沿、莱玛跟投，投资金额过亿元。从 2019 年年末开始，极视角已迈过了"从 0 到 1"的阶段，并开始了全国性扩张，相继在珠海、青岛、上海、香港设立子公司。

陈振杰就像一个不知疲倦的奔跑者，从 2015 年公司成立，一路奔跑，到 2020 年进行第 5 轮融资，他站在了舞台的中央。陈振杰回顾来时的路，总结道："我们到 2019 年才搭起较完整的平台，2020 年很多投资机构才理解我们的布局和打法。在此之前，我们的融资过程确实十分艰难，虽然我们融资 4 轮，金额累计超过两亿元，但到 2020 年第 5 轮融资，我们的融资才显得要轻松容易一些。因为这个时候，投资商已经看得懂了，极视角致力于建立图像识别算法生态，为 B 端用户提供人工智能（视觉领域）算法，为视觉开发者提供开发平台及工具，这种模式近似 App Store（苹果商城）的'算法商城'，平台上的开发者是极视角的算法供应商。实际上，我们进行的是一种商业模式的创新，极视角作为国内首家计算机视觉算法平台，将算法开发者与算法需求方连接起来，解决了销售端的客户问题，同时平台为开发者提供了可提升开发效率的算法引擎。"

| 积攒持续成长的力量

陈振杰长着一张娃娃脸，接受采访时一直保持富有亲和力的微笑，给人第一印象是非常温和儒雅。而他的头上已经有了一堆夺目的光环：入选"创业邦 2020 年 30 位 30 岁以下创业新贵榜单"，入选"2019 年度创业者 100 人"，荣获"2019 胡润 30 岁以下创业领袖"称号，入选"2020 年福布斯亚洲 30 位 30 岁以下精英榜"。

如何从走出大学校门的愣头青变身成功的企业家？陈振杰说："相信持续成长的力量。"

创业者所需要的诸多能力并非天生具备，可以说都是后天学习而得来。虽然陈振杰出生于一个经商的家庭，从小耳濡目染，但父母是做服装这类传统生意的，人工智能行业毕竟太新，打法完全不同。陈振杰笑道，从面试员工到管理企业，很多知识和技能都是边创业边学习的。

"早期面试员工的时候，我和罗韵、陈硕坐一侧，对面坐着求职者，最后变成求职者问我们薪水多高、公司未来要做到什么样子，仿佛这些求职者是来面试我们的。"陈振杰微笑着说，"我们企业的 1 号员工叫黄河，他是深圳大学计算机专业的毕业生，我们决定留下他，可没过几天，他说要去别的企业工作，因为别人提供更好的待遇，那怎么办好呢？我劝他先留下来再试着工作两三周，之后如果还觉得不行，也可以选择离开。就这样，我们留下了他，他现在成为我们公司合伙人级别的核心员工。"

积攒持续成长的力量，不断完善平台技术。极视角的算法推理部署平台能满足客户或合作伙伴算法部署、演示、配置、管理、升级等需求。该平台嵌入了全球首个视觉联邦学习模块，能在保障数据安全的同时，在本地进行轻量算法升级，以此加速整体算法迭代流程，其迭代时间相当于传统人工迭代模式的 43%。联邦学习系统荣获了"AAAI 2020 人工智能应用创新奖"。

陈振杰相信持续成长的力量，也坚信一颗好种子必须遇到肥沃的土壤才能破土而出苗壮成长，深圳就是他魂牵梦绕的创业沃土。

他说："我们很庆幸的是把极视角从澳门搬到深圳来，深圳这座城市具有创业基因，每个人都有闯劲，移民文化具有很大的包容性，在产业配套、产业聚集方面做得非常好，资金环境在全国也数一数二。创业者来到这里如鱼得水，我们曾获得深圳市科创委给予的创客创业项目资助 50 万元以及个人创客资助 10 万元，累计获得创客项目资助 60 万元。2016 年，我们参加了第八届中国深圳创新创业大赛，荣获总决赛企业组三等奖、互联网和移动互联网行业决赛企业组一等奖，一共获得 50 多万元奖金。在创业初期这些都是雪中送炭。"

｜ 用人工智能赋能传统行业

经过几年发展，极视角平台累积视觉算法 500 多种，旗下的极市平台积累了约 10 万名合作开发者，为近千家政企提供服务，应用领域涵盖 30

多个行业，尤其智慧城市、安防、物流、交通、零售等行业。

人工智能是赋能型的产业，因此，极视角下一步要用人工智能赋能传统行业，帮助传统行业实现单点效能提升。

2019年，极视角于青岛崂山区设立北方业务总部，打造了"青岛极视角人工智能基地"，其展示面积达980平方米，集中展示横跨工业、制造、物流、海洋、农业等八大行业人工智能应用以及人工智能开发平台的丰硕成果，它是一个集合成果展示、开发合作、技术交流、产业创新、成果推广及公共服务的集中性平台。

陈振杰透露："目前，我们在青岛已经有将近20家客户，我们会秉承'开拓世界的边界，让科技向善'的使命，用AI赋能不同的行业及不同的客户，助力传统企业智能化升级，打造人工智能产业共同体，一起携手抢占人工智能浪潮中的制高点。像青岛这样的基地，在全国还有好几个。"

那么，人工智能行业的下一步是什么样的？陈振杰描述了他对未来的看法："首先是落地化，以前是雷声大雨点小，现在是落地阶段，不仅面向大型企业、政府和外企，而且近年来AI服务开始渗透到中型企业、小型企业和微小企业，随着未来成本的快速下降，且价格降至大众化水平，这将使得大量小微场景的算法需求涌现出来。其次是场景化，随着开发门槛的降低，新行业敢于快速尝试，细分领域、特定场景的算法将被更轻易开发，场景化的算法将越来越多。最后是资本化，人工智能公司登陆资本市场会越来越多，未来3年将是AI企业密集上市的阶段。"

根据IDC（互联网数据中心）数据，2022年国内计算机视觉应用市场有望达到146.08亿元。在众多AI前沿技术当中，计算机视觉已经成为重要研究领域和发展方向。面对高速增长的市场需求，合作企业的场景数据缺失、数据低质、数据孤岛所导致的数据获取困难等AI研发瓶颈，将是极视角在后续发展中需要面对和重点解决的问题。

　　对陈振杰来说，年轻是最大的资本。他曾说过，如果他把极视角卖掉，仍然会再次创业。"我是使命感很强的人，我会背负着使命感一直走在创新的路上，不管前路有多么曲折，我都会拼尽全力不断突破自身的边界。"

深入和坚持是草根创业的两大法宝

草根创业，一无人脉，二无资金，拥有的只有一颗火热的心和对创业方向的执着。那么，草根创业者如何突破这些局限性，打开事业的新天地呢？

接受采访的草根创业者们一致认为，一旦选择了自己喜欢的行业，就要在这个行业中深入和坚持下去。

首先说深入。由于草根能以吃苦耐劳的精神在行业里深耕细作，对行业的需求了如指掌，知道客户需要什么样的产品，也知道供应链在哪里，这样就积累了宝贵的行业经验和资源。影石创新的联合创始人陈永强说："比别人更早地看见未来，这个绝对不是天生具有的超凡能力，而是一种后天培养的意识，或者说是草根创业者可以从基层摸爬滚打中习得的一种能力。"他强调，预见性是建立在对行业的深入了解、对自身能力清醒判断的基础上的。陈永强和刘靖康能预见全景相机会成为时代的需要，是因为他们对互联网技术发展到 5G 时代后视频传播会大量涌现的一个基本判断，而他们在做直播业务过程中，也知道全景相机会大大提升直播的效果，所以决定把全景相机作为创业的方向。

以面元科技来说，从早期打工到贸易代理的这个漫长过程里，吴淮均看到了这个行业的挑战，更看到了发展的机遇；他了解到这个行业的"瓶颈"，也看到了打破这一僵局的"秘籍"；他积累了丰富的行业经验、客户资源、产品技术等。

再说坚持。对草根创业者来说，创业的时间周期可能会非常长，所以从起点出发后，之后的挑战就是如何坚守。在企业成长过程中，最重要的精神就是坚持，坚持，再坚持。正如乔布斯所说："成功的创业和失败的创业间的差距就在于坚持。"在创业过程中，有资金的难关要过，也有无数研发的难题要解，还有大量的商务难点要解决，所有最难的决策都是创业者自己来做，每个决策都可能关系企业的存亡，越难的事情越没有人可以商量，草根创业者必须拥有一颗无比强大的心脏，坚持自己的追求，坚守自己的梦想。

极视角创始人陈振杰说："创业对创业者的考验就好比是'铁人三项赛'。初创期，创业者要面对的困难和挑战会更多，从资金、人才到业务的方向、市场的开拓，都需要创业者拿主意，我曾自学财务管理、人力资源管理、企业战略研究等知识。企业发展过程中，创业者还要不断地学习产业政策，学习与不同类型的投资商打交道，因此，我在创业过程中不断向员工学习、向股东学习、向客户学习，从而不断地提升自身的综合能力。"来画创始人魏博特别强调要在正确的方向上坚持不懈，他说："只要在正确的方向上不断地前进，积跬步以致千里，我们所定的远大目标就能实现。"

第二章

舍弃安逸将弄潮

我的血液里有一种强烈的冲动，渴望一种桀骜不驯的旅程。

——毛姆

赵盛宇，曾任沈阳仪表科学研究院（现沈阳仪表科学研究院有限公司）反光镜事业部部长，后来南下深圳创办的深圳市海目星激光智能装备股份有限公司，2020 年成功登陆科创板，成为耀眼的明星。

罗昌杰，曾是中科院深圳先进技术研究院的一名科研人员，创办了深圳市乾行达科技有限公司，用自主可控的交通安全防护核心技术守护着千家万户出行安全。

张炎德，曾是一家大型集团公司的高管，后来创办了蓝网科技股份有限公司，在 2020 年年初新冠肺炎疫情期间支持武汉多家医院"科技抗疫"，向国内外近百家医院提供了新冠肺炎 AI 辅助筛查服务。

杨江涛，辞去了待遇丰厚的外企高管职务，创办了深圳爱湾医学检验实验室，为医疗机构提供新生儿遗传代谢病多病种筛查及诊断服务。

宋勇华，辞去富士康的高管职务，牵头创办深圳灿态信息技术有限公司，开启了一段精彩的创业马拉松。

他们都曾有过稳定的工作与安逸的生活，却偏偏走上了充满艰险的创业之路。是什么促使他们萌生创业的动机，实现了华丽的转身？

是梦想。是信心。

是伟大的时代。

———

"我们的使命是'改变世界装备格局,推动人类智造进步'。那么,前行的时候就要怀着感恩,跨越星辰大海,到达梦想的远方。"

赵盛宇,法国尼斯大学工商管理博士。曾任沈阳仪表科学研究院反光镜事业部部长、深圳市海目星激光科技有限公司执行董事,现为深圳市海目星激光智能装备股份有限公司董事长兼总经理。

深圳市海目星激光智能装备股份有限公司荣获 2012 年第一届中国创新创业大赛总决赛企业组二等奖、2012 年第四届中国深圳创新创业大赛总决赛成长组一等奖。

赵盛宇：

聚焦激光技术，助推智能制造

赵盛宇曾在沈阳仪表科学研究院反光镜事业部工作15年，后来南下深圳创业，创立了深圳市海目星激光智能装备股份有限公司（简称"海目星"）。2012年，海目星参加深创赛喜获冠军，代表深圳参加中国创新创业大赛，获得总决赛企业组二等奖，一鸣惊人。他说："深创赛获奖，是海目星发展史上的一个重要转折点，给了我们团队极大的信心。从这时开始，我们向伟大企业的目标迈进。"

2020年9月9日，深圳市海目星激光智能装备股份有限公司在上海证券交易所科创板上市，一向低调务实的董事长赵盛宇站在了镁光灯下接受媒体采访。他谦逊地说："这是一个新的平台和起点，不以财富自由为导向，而是推动海目星真正实现'成为一家伟大企业'的梦想。"

| 舍弃"铁饭碗"南下创业

1994年12月，赵盛宇来到沈阳仪表科学研究院反光镜事业部工作。他工作勤勤恳恳，人缘极佳，后来做到了反光镜事业部部长。

"那个时候，我的主要工作是负责开拓市场和联系客户，经常出差外地。与广州、深圳一些客户打交道的时候，我发现创业者的生活才是我骨子里所喜欢的生活，可能科研单位的生活对我来说过于安逸，缺乏挑战性。"赵盛宇心里向往不安分的创业生活，也一直在寻找创业的机会。

2008年，由美国次贷危机演变成的全球性金融危机，对中国制造业造成了十分严重的影响。但是，赵盛宇并没有被困难吓倒，反而敏锐地从危机中看到了机会，决定选择激光设备行业进行创业。他为何会选择这个方向呢？

"当时，全球范围内的光纤激光技术方兴未艾。随着技术的进步，激光产生的方法发生了深刻变化，激光设备模块化、简约化到了快速迭代的关键节点，未来十年，全球激光设备行业会迎来大的爆发点。但是，激光器技术长期被国外企业垄断，激光器设备价格昂贵，激光产业发展缓慢，亟需优质的国产激光设备替代昂贵的进口设备。"赵盛宇敏锐地捕捉到这个巨大商机，在他看来，当时激光设备还属于一种新的技术，面临着一片广阔的新市场，而他凭借自己在光学方面的专业背景，与一群志趣相投的兄弟携手，怀着对创业生活的无限向往，毅然决然地迈出了下海创业的"第一步"。

| 小试牛刀成富士康供应商

2008年，海目星在深圳龙华大浪扎根。那时海目星还只是一家只有十几个人的小微企业。起步阶段，海目星主营的光纤激光打标机，定位为当时的中小品牌市场，客户就是一些五金店、作坊式小厂。赵盛宇还得上门拿订单。

经常奔走在烈日之下，赵盛宇这个东北汉子常常感觉南方的气候湿热得难以忍受。创业初期的各种艰辛，刻在了赵盛宇的心头。开车路过富士康、

深圳海目星厂区

伟创力的大门口时，他曾暗想，如果有朝一日能把海目星研制的激光设备卖给这样的大企业，该多好啊！

2009年下半年，在一次展会上，赵盛宇偶然接触到富士康的一名工程师。该工程师反馈生产过程中遇到一个关于塑胶件表面去毛刺的工艺难题。虽然这笔订单数额较小，但赵盛宇却认为是天赐良机，他积极地组织团队加班加点攻关，历时半个多月开发专用设备并完成测试，实现这一款设备的批量化生产。海目星因此"破例"拿到富士康供应商代码，顺利进入富士康的供应链体系。这一战极大地提升了海目星团队的信心。

"服务头部客户，不仅令团队成员信心大振，而且让客户建立起对海目星的信任，这是至关重要的。信任是无形的财富。富士康作为海目星的第一个大客户，未来将会带给海目星更多高质量的客户。而且，我意识到，光有激光优势不足以构成技术壁垒，必须将激光技术与自动化和智能化结合起来，才能真正发挥激光的效能，才能提高海目星的综合竞争实力。成为头部企业的优质供应商，坚定了海目星突破关键技术、为客户赋能、推动中国智能制造升级的决心。"赵盛宇是一个善于学习和总结的企业家，他重新规划了海目星的路径，一方面在市场瞄准电子信息领域的头部客户，另一方面在全球招揽自动化和智能化设备的高端人才，组建更强大的研发队伍。

｜引进高端人才增强企业竞争力

引进高端人才，提高企业竞争力，成为赵盛宇心心念念的事情。2011年春天，一个绝佳的机会出现了。

赵盛宇说："2011年3月，张松岭博士率领的自动化团队加入海目星，这个历史性的时刻我永远不会忘记。"从新加坡引入的以张松岭为代表的自动化人才队伍，具备3C、医疗、电力、半导体等高精尖行业背景，融合海目星作为激光企业的"先天基因"，使海目星的激光团队升级为激光与自动化结合的团队，产品的核心竞争力也随之增强。

海目星激光及自动化设备根据市场和客户的应用需求，将光学、机械、电气、软件、视觉等相结合，针对市场和客户需求，开发标准化和定制化的方案，包含激光表面处理、切割、焊接等一项或多项功能的激光及自动化成套解决方案，使得激光加工工作完全整合至自动化设备或流水线中，实现设备或生产线的自动化、智能化作业，从而达到精准、高效、可控的工艺目标。

2012年，海目星引进国际顶尖紫外激光器开发团队，通过大力研发核心器件，提升定制化能力和核心竞争力。2011年到2013年，海目星密集地引进高端人才，包括研发人才、运营人才、市场人才，壮大了队伍实力，并由此进入行业主流体系。赵盛宇非常爱惜人才，对人才的培养也是不惜血本，除了期权、股权的设计和分享，还在发展过程中给人才锻炼和试错的机会，让年轻的人才一步一步成长为栋梁，各自找到最合适的岗位发挥才能。

赵盛宇说："作为企业的领军人物，要为人才搭建平台与连接资源，做好搭桥铺路的工作。我对自己的要求是，怀菩萨之心，行雷霆之力。所谓菩萨之心，是为员工着想，用心来感召、呵护每一位人才；雷霆之力，不仅仅体现在执行力上，而且体现在人才的选、育、留、用等方面，员工犯了错误，肯定要严厉地批评教育，同时要根据员工的发现来提供更多的试错机会。这些都是为了员工更好地成长，从而培养出一支更伟大的团队。"

赵盛宇海纳百川的胸怀，吸引了国际一流人才不断加盟，这带给海目星的是技术不断进步，以及源源不断的来自行业高端客户的订单。2012年，海目星自主研发的激光自动追溯系统成功中标华为项目，成为华为的合格供应商。赵盛宇自豪地说："这款激光自动追溯系统采用了海目星研制的绿光激光器，在工艺上可以做到更高的精度，产品也更加智能化。此设备可以实现自动打标、自动读取数据和自动跟踪，在当时是非常先进的技术。"后来，华为、苹果等世界级企业纷纷与海目星建立合作关系，采购海目星生产的激光及自动化生产线。

2012年秋天，海目星参加深创赛，获得总决赛成长组一等奖，并代表深圳参加首届中国创新创业大赛，获得总决赛二等奖。海目星由此获得创赛基金等投资机构的青睐，共获得500万元的投资。此后，深圳市、龙华区科技主管部门每年都给予海目星科研经费的扶持，使海目星的研发创新如虎添翼。截至 2020 年 6 月 30 日，海目星共拥有国内专利权 261 项，包括 33 项发明专利、226 项实用新型专利及 2 项外观设计专利，此外，还取得软件著作权 66 项。

凭真本事助力智能制造

2015 年 5 月 28 日，赵盛宇跟一位从日本回来的博士深入交流，博士判断锂电池将成为下一个十年的产业爆发点。赵盛宇立即思考，激光的自动化设备将对锂电池制造有很大帮助，为何不从服务锂电池巨头入手呢？

第二天，赵盛宇率领团队前往宁德时代，跟技术团队交流，参观考察了锂电池生产车间，了解锂电池生产的需求。当时，宁德时代工程师提出物流产线上有一个自动化模块需要改进，想考验一下海目星的研发实力。赵盛宇极其重视这个需求，组织十多名工程师在宾馆苦战三天三夜，拿出了改进后的 2D、3D 图纸和动画演示图。海目星这样的研发实力给宁德时代总工留下深刻印象。

很快，海目星技术人员从宁德时代发现一个技术需求。在多极耳电芯电池制造过程中，采用传统的机械模切，每个电芯需要多套组合模具，因为换模以及频繁修刀，单条产线每年换模具及修刀的成本就高达千万元，且设备磨损后对电池安全和质量产生重大隐患。那么，如果改用激光制片设备，不仅可以节约模具和修刀的成本，而且能大大提高生产效率。可是，究竟是什么原因阻碍宁德时代选用激光制片设备呢？

赵盛宇回忆："技术人员告诉我，是因为害怕激光切割产生的粉尘和毛刺给锂电池的性能造成不良影响。于是，我快速组织了研发团队进行理论建模、仿真分析，两个月内开发出激光制片工程样机，进行了上百万个单元实验，用统计数据确认新工艺完全具备替代能力。很快，宁德时代就采购了我们研制的第一台锂电池高速激光制片机。在短短四个半月之内，海目星从宁德时代拿到了9000万元的订单，其中包括激光制片、激光焊接等一系列激光及自动化设备。"

2015年，国家加大了对锂电池的补贴力度，海目星凭借过硬的本领，进入宁德时代供应商体系，正式切入锂电新能源激光及自动化设备市场。

"与宁德时代合作之后，我们领先推出从电芯配组到烘烤干燥的整套锂电池生产解决方案，推出包括高速激光极耳切割机、全自动电芯装配线、全自动电池烘烤线等智能化、无人化锂电生产成套设备。"赵盛宇介绍，与传统刀模、冲床、裁床相比，高速在线式激光切割具有无耗材、速度快、灵活性高等特点，不仅大大降低了成本，而且极大地提升了生产效率。

凭借过硬的技术实力，海目星还获得特斯拉等行业巨头的订单资源，迎来广阔的蓝海市场。

2020年7月，国际大客户用大型运输机空运海目星激光设备

"我们预计 2020 年收入中的 40% 来自锂电行业，2021 年该比例会增加到 50% 以上，可见，进入锂电池新能源业，是海目星正确的战略选择。"赵盛宇常常说，对行业的判断是对企业领军人物最大的考验，选对了战略方向，企业就会拥有更多、更好的发展机会。

｜ 登陆科创板迎来新的起点

大多数人知道苹果、三星、华为等智能产品是伟创力、富士康等超大企业生产的，却鲜有人知伟创力、富士康这些企业所使用的高速精密紫外激光切割机、标准化成组自动生产线等先进设备是海目星提供的。海目星凭借深厚的研发实力、持续的创新能力，在消费电子、新能源电池等应用领域，积累了如华为、苹果、富士康、伟创力、立讯精密、京东方、蓝思科技、特斯拉、宁德时代、长城汽车、蜂巢能源、中航锂电、亿纬锂能等行业龙头或知名企业客户，实施了多个标杆项目和批量化的交付，并打造出多个应用样板工程。

从 2016 年开始，深创投、招银国际、国信蓝思、君联资本等国内知名投资机构陆续向海目星伸出"橄榄枝"，用资本的力量助推海目星在快车道上飞驰。海目星因此进入高速增长期。

《2018/2019/2020 中国激光产业发展报告》指出，近年来，中国激光设备市场呈良好发展趋势，市场规模逐步扩大，激光设备市场规模从 2013 年的 195 亿元增加至 2019 年的 658 亿元，年复合增长率为 22.47%。瞄准这个巨大的激光设备市场，海目星除了苦练内功，加强技术研发，同时特别强调为国内外客户提供最优质的服务，争取在激烈市场竞争中拔得头筹。

2020 年春天，新型冠状病毒肺炎疫情席卷全球。海目星经过充分评估，派出技术骨干，做好充足防护，到海外进行现场设备调试，为客户提供更优质的服务。7 月，国际著名新能源汽车企业派出运输机，到深圳拉走海目星 8 台激光制片设备，运往美国。深圳先进制造高端设备走出国门，这一喜讯也激励着海目星团队更加勇往直前。

2020 年 9 月，海目星成功登陆科创板，这是海目星发展历程中浓墨重彩的一笔。此次海目星上市的募投项目之一——激光及自动化装备扩建项目，主要用于生产动力电池激光及自动化设备。

在赵盛宇看来，上市让海目星站在了更高的起点，参与全球高端装备的竞争。未来激光市场前景十分广阔，随着 5G 时代的到来，3C 产业设备更新换代对激光及自动化的需求非常大，激光技术升级、激光应用场景渗透将伴随着工业制造业升级，迎来极为难得的历史发展机遇。

赵盛宇斩钉截铁地说："未来 5 年，企业仍将处于快速发展轨道，保持高速增长态势。2021 年市场恢复常态化之后，我们有信心提高发展增速。海目星专注于激光及自动化智能装备领域的研发与市场拓展，通过新兴行业布局及新技术开发，持续开发符合下游产业的新设备，促进下游行业产业升级，推动智能制造产业发展。海目星的目标是成为全球工业激光与自动化智造第一品牌，这个目标像灯塔一样指引着我们不断前行。"

———

"创业者要做好长期艰苦奋斗的准备。"

罗昌杰，深圳市乾行达科技有限公司创始人，毕业于哈尔滨工业大学机电工程学院，曾在中科院深圳先进技术研究院从事科研工作，深圳市后备级人才，深圳市宝安区高层次科技创新人才。

—

深圳市乾行达科技有限公司荣获 2017 年第六届中国创新创业大赛先进制造行业总决赛成长组优秀企业奖、2017 年第九届中国深圳创新创业大赛总决赛企业组二等奖。

罗昌杰：

做交通安全防护技术的开拓者

2020 年春节前夕，笔者在宝安区七星创意工场第一次见到罗昌杰博士，他身上带着浓浓的科研工作者气息。他带笔者参观了深圳市乾行达科技有限公司（简称"乾行达"）的展厅，这里陈列着广泛应用于高铁、地铁的防爬吸能类产品以及应用于城市交通的防撞缓冲车类产品，还有面向可回收火箭、卫星等开发的缓冲吸能产品，面向大型水面战斗舰艇的防撞缓冲系统，承载了公司各类安全防护核心技术的产品已覆盖了海陆空各个应用领域，公司正用自主可控的交通安全防护核心技术守护着千家万户出行安全。

│ 创办乾行达圆梦实业报国

罗昌杰博士从哈尔滨工业大学毕业后，曾是中科院深圳先进技术研究院的一名科研人员，5 年时间里他变身为科技创业者，用严谨的科研态度和诚信的作风，实现了实业报国的梦想。

罗昌杰在哈尔滨工业大学攻读博士学位期间，一直开展航天着陆探测器缓冲吸能技术及装置的研究工作。2008 年 9 月，中车长春轨道客车厂给哈尔滨工业大学发来一个技术需求，澳大利亚悉尼某双层轨道客车项目需要一个安全防护装置来代替进口产品，罗昌杰和他的导师一起为这个项目整整奋斗了 3 个月，最终因为国内没有满足条件的新材料而未能完成。

项目虽然失败了，但从那时开始，罗昌杰对将航天着陆探测器缓冲吸能技术向轨道交通等民用领域进行产业化应用产生了浓厚的兴趣，一直梦想有一天能成功实现产业化，真正实现轨道交通安全防护装置的进口替代目标。渐渐地，罗昌杰并不满足于在中科院深圳先进技术研究院这个优秀的平台做一名优秀的科研人员，他希望把自己所学习到的工程知识运用到经济生活中，实现与时偕行，他认为只有走创业这条路才能离梦想最近。

当梦想照进现实，人往往会被内心的愿望驱使，罗昌杰博士就是这样一位对梦想执着追求的科研工作者。2014 年年底，他提出了辞职，希望通过创业来实现梦想。他收到了大学老师邓宗全院士的勉励和祝福："请你忘记自己是博士，放下身段脚踏实地做事。"

｜ 重整旗鼓，掘得第一桶金

2015 年 3 月，乾行达在深圳市宝安区沙井一个创业孵化基地注册成立，罗昌杰清楚，一旦踏上创业之路，就不再有回头路，必须义无反顾，勇往直前。

罗昌杰把当年一同聚焦于月球着陆缓冲器的研究团队重新组织起来，针对澳大利亚悉尼某双层轨道客车项目开发安全防护装置。团队研究发现，具有被动安全系统的列车在碰撞时，可通过一系列的吸能器及结构实现以最大限度吸收不同的能量。吸能器在列车安全领域扮演着十分重要的角色，能够为广大乘客的安全保驾护航。在各类吸能器中，铝蜂窝吸能器因具有结构简单、质量轻、吸能效果好等无可比拟的优点，成为目前应用最为广泛的轨道交通车辆吸能器，国际上多数成功运行的高速列车均采用了铝蜂窝吸能器。然而，当时我国还远没有系统掌握轨道交通车辆铝蜂窝吸能器吸能特性、优化设计方法等关键技术。国际上轨道交通车辆通常需要强制执行被动安全防护相关标准，而我国当时尚未形成统一标准。

为了攻克这个技术难题，乾行达核心团队基本都在全国各地东奔西跑，向行业里面的专家请教，和客户面对面讨论交流。罗昌杰回忆道："一年有80%的时间待在外地，住最便宜的酒店，买最便宜的飞机票，能省则省。创业初期我们每个人都非常节约，工作起来十分拼命。"经过半年的努力，乾行达团队攻克了吸能器核心材料的生产工艺，自主研制出核心材料的成套生产装备，并且一举夺得澳大利亚悉尼轨道客车项目二期合同，这个600多万元的订单是乾行达掘得的第一桶金。

这一阶段，罗昌杰认为乾行达是幸运儿。创业的第一步是要解决生存问题，他初次创业就带领着乾行达团队凭借蜂窝吸能器进入中国制造2025的先进轨道交通这个大行业大领域，不仅解决了生存问题，还能布局未来，用罗昌杰博士的话说，"不仅吃了碗里的，还有机会盯着锅里的"。

｜ 无心插柳，攻克技术难关

2015年6月，罗昌杰带着吸能器产品到一个高速碰撞测试机构做相关产品测试，结果无意中获悉某项目正在攻克一项关键安全防护难点。罗昌杰认为，乾行达已经攻克的系列技术能够解决这一问题，当即决定利用乾行达的技术积累与项目方联合攻关。

"我们刚成立不久，公司资金很紧张，而该项目前后迭代了6次，团队咬紧牙关一直坚持到2016年春天，才完成研发任务并交付了产品。那一年有段时间发工资都困难，我深刻体会到'年关（春节）难过'，压力非常大，但也许是科研人员特有的一种责任感支撑着我们挺了过来。"罗昌杰回忆那一年承受了巨大压力：一方面团队其他成员在质疑，担心无法解决技术难题；另一方面公司资金非常紧张。

就这样克服困难，乾行达团队成功完成研发任务获得了260万元的科研经费，这是项目方对乾行达团队安全防护系统技术研发能力的高度认可。能在创立之初就有机会参与这项重点工程建设，每一位乾行达人都感到自豪，乾行达也更加坚定了在安全防护领域的专家型企业的定位。

┃ 全面突破，乾行达喜获大单

乾行达最开始的应用是配套高铁，产品比较单一，后来在细分领域里，比如地铁，专门去研究行业标准，做相应的解读攻关，很快就提出了解决方案，以欧盟的标准设计出相应的产品。乾行达团队将该技术扩展到轨道交通领域，研究高速列车铝蜂窝吸能器的关键技术，以及高速列车铝蜂窝吸能器用高强度铝蜂窝的成套加工工艺及装备，使高速列车铝蜂窝吸能器获得批量生产和销售，实现了轨道交通车辆被动安全防护的自主安全可控。此后，乾行达在轨道交通领域获得多个大订单，其中不乏中车集团等重量级客户。

2016年秋天，中车长春轨道客车股份有限公司向乾行达发出一个科研需求，由于马来西亚森林茂密，野猪出没，其机场线列车需要安装排障器。罗昌杰组织团队进行技术攻关，通过电脑模拟野猪撞击列车的过程，计算出应力曲线，进行排障器结构优化。3个月内，乾行达不仅交付了符合技术要求的排障器，而且开发出针对轨道列车防撞吸能的仿真软件。罗昌杰说，

马来西亚机场线列车使用乾行达的排障器

为了解决这个科研难题，公司组建了专业的仿真团队、设计团队，再后来有产品制造，最终用设计水平打动了客户，获得了订单。

深创赛获奖，凤凰初展翅

2017 年，乾行达参加了第六届中国创新创业大赛，获得先进制造行业总决赛成长组优秀企业奖；参加了第九届深创赛，一举夺得总决赛企业组二等奖。

罗昌杰说："我们团队都是科研人员出身，经过两年多的打磨，公司的技术越发成熟了，公司的主要问题转变为商业的落后。这时，我们瞄准了深创赛，想通过参赛学习补充商业层面的东西，让投资界的人给我们提提意见。所以在一开始我没想着获奖，自己一开始也没参加公司的路演。后来我们的参赛成绩还很不错，各级政府部门给我们的各类无偿资助和奖金大约 400 万元，深圳市科创委提供了 250 万元的无息贷款，这对我们创业初期的现金流给予了很大的帮助，让我们不仅活了下来，而且还储备了更多领先的新技术。"

乾行达每年研发投入占营收 25%，目前已形成了安全领域多项技术和产品的储备。例如，乾行达在专用汽车领域实现了专用车安全防撞缓冲垫（TMA）新产品的突破，已成功为盈峰环境、龙马环卫、徐工集团等知名企业进行供货，轨道交通安全防护产品已经远销韩国、美国、澳大利亚等地，公路交通安全领域的安全岛相关产品也即将开发成功。乾行达在高速磁悬浮、防弹抗爆、水运交通安全、重装空投缓冲、直升机抗坠缓冲等前沿技术领域也实现了多项核心技术储备。2019 年 11 月，乾行达荣获"深圳市自主创新百强中小企业"称号，罗昌杰荣获"深圳市十佳中小企业创业英才"称号。

疫情来袭，科技构筑智能防线

2020 年春节，来势汹汹的新冠肺炎疫情肆虐蔓延。为了应对疫情，罗昌杰带领团队充分发挥科技力量和在红外智能测温领域的丰富经验，开启"连轴转"无休模式奋战在防疫前线，根据防疫需求对红外智能体温检测产品的相关程序和软硬件系统进行升级，从而满足不同人流量、不同场所的应用需求。升级后的产品可从大流量人群中快速筛检出发热个体，只要在红外镜头探测范围内经过，仪器 1 秒钟内就能检获人体热图像和实际体温，并且可以实现人脸跟踪识别，方便快速定位发热人体，不仅避免了人员聚集、交叉感染，乾行达智能红外体温筛查系统广泛应用在地铁车站、疾控中心、市民中心、医院、高档宾馆、企事业单位等场所，还大大减轻了相关工作者的工作负担，在疫情防控的特殊时期，构筑起疫情防控的智能防线。

"科技工作者就是用专业特长以另一种形式来保护人民。"罗昌杰说道，乾行达的使命是"以领先的技术推进交通安全，保障人民的生命和财产安全"，他们所做的一切都是为了保护人民，因此科技工作者在紧急时刻决不能袖手旁观，也要参与到战疫中来。

"从 0 到 1 的阶段，想的是如何活下来，现在想的更多是如何让团队和公司一起成长。"罗昌杰透露，2019 年年底，乾行达已经完成第一轮员工股权激励；2020 年，筹建了乾行达交通安全技术创新研究院，继续发挥院士工作站、博士后基地、研究生培养基地的联动性；公司已经制订了 2023 年进行 IPO（首次公开募股）上市申报的目标。

———

"企业要有生命力，就需要一代人一代人地去奉献。只有懂得分享、懂得团结优秀员工共同前进的人，才能把企业做大，经营出一家百年老店。"

张炎德，蓝网科技股份有限公司董事长兼 CEO（首席执行官）。

-

蓝网科技股份有限公司荣获 2020 年第九届中国创新创业大赛新冠肺炎疫情防控技术创新创业专业赛决赛优秀企业奖。

张炎德：

以工匠精神深耕医疗信息化

2020 年 3 月，蓝网科技股份有限公司（简称"蓝网科技"）荣获第九届中国创新创业大赛新冠肺炎疫情防控技术创新创业专业赛决赛优秀企业奖，他们在疫情期间支持武汉的多家医院科技"抗疫"，向国内 30 多家医院提供了新冠肺炎 AI 辅助筛查服务。这套系统还走出国门，参与了菲律宾、印度尼西亚、俄罗斯等 20 多个国家的"抗疫"行动。

张炎德作为蓝网科技的掌门人，以工匠精神深耕医疗信息化产业。2020 年 3 月，基于蓝网影像云的医学数字影像综合服务方案入选广东省工业和信息化厅数字技术产品和解决方案。同年 4 月，"广东省医学数字影像服务工程技术研究中心"落户蓝网科技。

｜ 从做企业高管到做企业"一把手"

1998 年，25 岁的张炎德应聘到深圳市蓝韵实业有限公司工作，从一线员工成长起来，一路做到集团副总裁。

张炎德说："从进入蓝韵那天起，我的人生就与医疗行业结下了不解之缘，我见证了蓝韵集团年销售额跨越 5 亿元、10 亿元的辉煌历程。在那里，我得到了极大的锻炼，综合能力明显提升。"

其实，张炎德在打工期间，就深切体会到代理业务利润之丰厚，也深知做研发的道路非常艰难。2002年，蓝韵集团发展到上千人的规模，全国有28个分公司、办事处，担任集团副总裁的张炎德管理了其中15个分公司、办事处。

就在张炎德将医疗设备业务做得顺风顺水的时候，他被集团安排分管医疗IT事业部，当时这个专门做医疗信息化的事业部全年收入不足500万元，却拥有一百余人的团队，经营举步维艰。张炎德临危受命，2009年接手医疗IT事业部后将其进行了战略调整，于2010年成立子公司——深圳市蓝韵网络有限公司（简称"蓝韵网络"）。同期，国家开始重视医院的信息化建设，给每个县级人民医院分配50万元进行信息化能力建设，这给蓝韵网络公司带来了发展的良机。

2010年年末，蓝韵网络销售额达到1800多万元，在接下来的两年，销售额逐年攀升。2012年，深圳市卫生和计划生育委员会决定给新建的11家医院集采信息化服务，蓝韵网络中标了深圳市新建11家医院全院PACS（医学影像信息系统）项目。这次中标为蓝韵网络开拓深圳市场打下了坚实的基础，但此时蓝韵集团的发展开始出现瓶颈，这给蓝韵网络的经营和发展造成了巨大的压力。

"当时，我也想过要离开蓝韵，另谋出路，但我舍不得一起战斗的队伍，还有市场刚刚做起来，那就是我的主战场啊，我还是想跟蓝韵集团商量，希望把股份卖给我们几个核心骨干。"张炎德说。

2014年中秋节前，蓝韵集团同意将蓝韵网络的绝大部分股份卖给高管团队，张炎德成为蓝韵网络实际控制人，企业改名为"蓝网科技股份有限公司"。

"2014年中秋节，我带领蓝韵网络全员一起穿越塘朗山，我宣布从那

蓝网科技核心团队

以后不管企业经营遇到多大困难，必须优先确保员工的利益。"张炎德意识到自己身上的责任更重了，压力更大了，但他胸中升起巨大的信心和勇气，因为，明天将是一个全新的开始。

｜ 从快速扩张到聚焦影像信息化

当了企业"一把手"之后，张炎德工作更拼命了，企业也快马加鞭地发展，然而，也埋下了不小的隐患。

"当时，华南地区没有大型的医疗信息化公司，我认为蓝网科技有这样的实力做成一家大型信息化公司，于是我们铺开了5条产品线，包括电子病历、集成平台、医学影像、公卫产品、HIS（医院信息化软件）产品，人员从 100 多人快速扩展到了 300 多人，但由于欠缺整体的产品根基和管理经验，坚持了两年多的扩张战略，却让我们吃了不少亏。"张炎德认识到漫天撒网、四处出击的做法效果并不好，必须聚焦某个领域深入做下去。

经过市场分析和调研，蓝网科技聚焦医学影像信息化领域，专注医学影像信息系统软件、远程会诊管理系统软件、影像云平台、云电子胶片、医技统一预约平台、AI 影像智能辅助诊断系统的研发及服务。然后，队伍开始逐渐收缩，稳定在 150 人左右的规模。

2019 年，蓝网科技承建了深圳市区域影像平台项目，加上之前承建的龙华区、光明区、大鹏新区的区域影像平台项目，及深圳市所有社康的检查检验系统项目，蓝网科技构建从市级到区级智能化区域医疗影像综合服务平台，实现各医疗机构数据的互联互通，为结合各类数据进行专项分析提供基础。目前，蓝网科技在深圳市医学影像信息化的市场占有率达到80% 以上。

| 疫情暴发，吹响员工集结号

2020 年伊始，疫情突如其来，一场没有硝烟的战争就此打响。张炎德从最初担心企业倒闭到带领企业快速发展，蓝网科技经受住了"抗疫"的大考，发展成为国内医疗信息化领域新星。

张炎德回忆疫情期间发生的事情，难掩激动："最开始疫情十分严重，我担心企业面临倒闭，因为业务即将停止，而每月的经营费用不会减少，可后来看到员工在疫情面前毫无畏惧，很多看似平凡的值守却令人感动。工程服务中心增派人员 24 小时值守，确保医院系统稳定运行，助力抗疫；

人力行政中心员工为了确保公司尽快复产复工，从大年初六起就每天到公司，与各相关单位对接交流复工事宜、负责办公室环境安全、办理人员出入证等。这些平时看似平常的工作，在抗疫非常时期因担当和责任心而越显出色。技术部一位籍贯湖北的同事，在得知返深可能要隔离后，她希望不要因为自己而影响工作，第一时间自己网购了笔记本电脑居家办公。研发中心第一时间和华为云对接，合作开发新冠肺炎 AI 辅助筛查服务系统。

员工们积极主动地返回工作岗位，踊跃地投身抗疫行动，让张炎德无比感动，他看到蓝网科技团队极其宝贵的凝聚力和战斗力。在 2020 年 2 月份发工资的时候，公司班子召开紧急会议后，一致认为不能因为正处疫情而影响公司员工生活，财务人员紧急把全额工资及报销费用发到员工银行卡中。

｜新冠肺炎 AI 辅助筛查，参与抗疫行动

张炎德提到的"新冠肺炎 AI 辅助筛查服务"，是蓝网科技针对疫情所推出的一个十分有价值的创新举措。

蓝网科技以小步快跑、快速迭代的方式，采用模块化设计，使得调试和维护操作删繁就简，远程云端快速部署得以实现，并通过使用标准数据进行对接，确保在不影响现有系统的情况下，可以快速接入服务，直接供医生使用。新冠肺炎 AI 筛查服务可以分离出毫米级微小病灶，并计算出肺部病灶体积和病变面积及百分比，为精准实施治疗提供科学参考。而且该系统可快速对 CT 影像进行病灶分割、定量分析，量化结果秒级输出，极大缓解影像科医生的压力。新冠肺炎 AI 辅助筛查服务基于蓝网影像云平台，可实现云 PACS、云电子胶片的自动调用，并通过"网页 + 微信小程序"的

轻量级使用平台，可供医生通过手机、平板等移动设备实时调用，助力跨地域多方实时在线对疑难病例会诊，获得更好更快的效果。

作为新冠肺炎防治主战场之一，湖北省天门市第一人民医院积极引进该"新冠肺炎 AI 辅助筛查服务"。几百幅胸片几秒内即可完成筛查，并可同步给出辅助诊断和量化评估意见。

2020 年 2 月 29 日，中共中央政治局委员、国务院副总理孙春兰率中央指导组到华中科技大学考察疫情防控科研攻关情况。考察过程中，孙春兰肯定了蓝网科技、华为云、华中科技大学及其附属武汉协和医院研究团队联合开发的"新冠肺炎 AI 辅助筛查服务"的精确性，可以辅助医生定量分析，大幅提升效率，缓解影像医生的压力。3 月 3 日，中央电视台和《人民日报》均报道了蓝网科技抗战疫情的科技贡献。

国外疫情暴发后，蓝网科技联合华为云迅速启动全球抗疫行动，已在菲律宾碧瑶综合医院及印度尼西亚、俄罗斯等 20 多个国家的医疗中心完成了云 PACS+AI 服务部署。蓝网科技代表深圳市中小企业，代表中国科技力量，用科技行动为全球抗疫做出了重要贡献。

| 医疗信息化是惠民工程的好抓手

基层医疗机构是患者就诊最便捷的选择，但是由于医疗设备的简陋，往往无法完成一些必要的检查检验，患者无法得到确诊和有效的治疗。医疗集团的上级医院可以开放一些检查资源，患者在社区就诊时可以获得大医院设备资源的支持，把集团内医技检查项目通过信息技术实现"一站式"医技预约服务，有效提高医疗设备资源的利用率，缩短患者非诊疗时间，并且实现有效分流大医院的门诊病人。正是基于这样的考虑，蓝网科技开发了医技统一预约服务系统。2019 年 6 月，深圳市妇幼保健院正式上线该服务，实现超声科分时段预约，为患者提供自助预约、自助签到等服务，以及"一键预约"的便捷就诊体验。深圳市妇幼保健院超声科李胜利主任说："使用医技预约系统前，我院超声科预约及管理大部分靠人工进行干预，不仅医护人员劳动强度大、工作效率低，而且患者的就医感受差，辗转过程多、往返频繁、预约排队等待时间长，极大地影响了医疗秩序。医技预约系统正式上线后，带来了整体效果转变：首先患者就医时间缩短了，其次患者就医秩序改善了，同时设备资源使用效率也更高了。"

"以前，我们去深圳市妇幼保健院，看到等候做 B 超的孕妇们排起了长龙，现在这一景象已经不复存在。"张炎德倍感骄傲地说。

让张炎德感到欣慰的一件事情是，如今各地医院对信息化工作更为重视了，这就给蓝网科技提供了更多的机会。例如，蓝网影像云平台助力深圳市宝安区人民医院互联网医院建设，在方便市民就医需求的同时，也帮助医院对全院检查影像进行实时在线管理和分析，医生借助影像云平台可实现影像调阅、远程会诊，形成影像闭环。同时，云电子胶片的上线方便患者通过互联网医院查看自己的检查影像，不需要再取物理胶片，让患者少跑路，真正实现便民惠民。"未来，蓝网科技希望助力实现居民在任何一家医疗机构做的影像检查，都可以存入个人的医学影像档案中，可随时随地调阅，这样就不会造成浪费，也可以保留资料进行比对，发现隐患。目前我们正在积极推动这项工作。"

张炎德说，蓝网科技将继续秉承让健康管理智能化、生命信息数字化，用数据创造医疗价值的愿景，乘着改革开放四十周年的春风，为深圳建设社会主义先行示范区做出新的贡献。

———

　　"要想成功，首先必须热爱，全身心地热爱和投入。只有这样，所有的不可能才有机会成为可能。热爱是成功的基础。"

杨江涛，深圳爱湾医学检验实验室创始人。

-

深圳爱湾医学检验实验室荣获 2018 年第二届光明新区创新创业大赛总决赛企业组一等奖。

杨江涛：

给中国孩子一个健康的起点

"没有创业时，我以为自己会一辈子在外企工作下去了，毕竟外企待遇丰厚，生活安稳，"杨江涛坦诚地说，"可当我决定跨出创业这一步之后，我发现，一片全新的天地在向我招手，也促使我不断地思考生命真正的价值。"

杨江涛于 2015 年 3 月创办的深圳爱湾医学检验实验室（简称"爱湾医学"），是一家将质谱技术实现临床应用的第三方独立医学检验所，创始初期主要为医疗机构提供新生儿遗传代谢病多病种筛查及诊断服务，只要采集新生儿的 1 滴足跟血及 2 毫升尿液，即可对近百种遗传代谢病进行筛查与诊断，在遗传代谢病尿液诊断方面成绩斐然。2018 年金秋，爱湾医学参加第二届光明新区创新创业大赛，勇夺总决赛企业组一等奖。

｜ 外企打工获得全方位历练

2003 年，杨江涛从湖南大学化学计量学硕士毕业，在国际知名的仪器设备企业日本岛津公司工作了 12 年。"我担任过技术主管、市场部主管和地区销售经理等职。日资企业富有人情味，员工忠诚度普遍较高，我也在多个部门得到锻炼，2008 年调入营业部，负责深圳区域分析仪器的销售工作。从业 12 年，我对行业的设备、技术、市场、产业状况都积攒了宝贵的经验，并在行业内积累了丰富的人脉资源。"

经过多年努力拼搏，杨江涛获得超过百万元的年薪，他在广州买房、安家，日子过得波澜不惊。可他内心总是有隐隐的忧患，总觉得过于平淡的人生中似乎缺了点什么，尤其是在被岛津公司调遣到深圳开拓市场期间，他看到深圳人的创业激情，于是开始寻找创业的契机，希望能有机会做一件很有意义的开拓性工作。

2014 年年初，一个偶然的机会就出现在有心人的面前。来自深圳的两个医疗机构向杨江涛询价，想购买仪器做新生儿遗传代谢病检测与筛查。杨江涛心想：这是否意味着这个领域蕴藏着巨大的商机呢？

｜ 方法比仪器更重要

杨江涛一边查询国内外资料，一边走访多家医疗机构，进行了近 5 个月的市场调研，发现国内新生儿遗传代谢病检测市场几乎空白，法定筛查病种仅有 2 项，而在美国所有的新生儿要接受 56 种遗传代谢疾病的筛查，当时深圳只有 3 家医学检验所，而且也没有涉足这个领域。从具体数据上看，据 2012 年卫生部数据，中国的新生儿出生缺陷发生率高达 5.6%。因此出生缺陷预防异常重要。在第三级的预防缺陷措施中，1994 年通过的《中华人民共和国母婴保健法》规定，通过采集出生 3 天后，充分哺乳 6 次以上新生儿的 3 滴足跟血，强制进行 2 种遗传代谢病的筛查。基于以上调查，杨江涛认为，第三方新生儿遗传代谢病检测服务市场潜力巨大。

在调研过程中，杨江涛发现了一个市场的痛点，就是方法远比仪器更重要。由于遗传代谢病检测是属于交叉学科，提供该种服务并不是购买一

爱湾医学在第二届光明新区创新创业大赛总决赛获得企业组一等奖

台仪器就可以做到的，还需要掌握很多方法，包括既要懂得医学知识，又要掌握检测的质谱技术。所以进入该领域创业的技术门槛其实很高，而这恰恰是杨江涛的长项，他认为创业的大门已经向他敞开。

他毅然辞掉了待遇丰厚的外企高管职位，卖掉了房子，一心投入创业的大潮。

2015年3月，深圳爱湾医学检验实验室在南山区正式成立。"爱湾"两字，取意"爱的港湾"，爱诞生了家，家延伸了爱，孩子是家的期盼与未来，承接着爱的接力棒。杨江涛希望开展新生儿遗传代谢病检测服务，给更多中国孩子一个健康的起点。

2015年8月，杨江涛把企业迁到了光明区，开启了事业的新篇章。他说："选择光明区[1]，首先这个名字就特别好，光明寓意着无限美好的未来；其次光明区科创局和留创园也向我抛出橄榄枝，张开了欢迎的臂膀，期望我们能在光明落地生根，发展壮大；再者，因为国家卫健委对医学检验所的场地、人员、资金都有较高要求，光明区的办公场所性价比更高。经过团队的深入讨论，我们一致认为，光明区就是爱湾医学最理想的选择。"

| 服务家乡收获首个客户

从公司注册到拿到医学检验实验室的执业牌照，一共花了大概两年时间。但在这段时间里，杨江涛并没有闲着。一方面他在闭门修炼，主要是对有关的检测方法学进行深研，通过团队的不断打磨，2017 年就获得了 7 项专利授权，发表了 5 篇论文，公司也获得了"国家高新技术企业"称号。另一方面，作为分析化学领域的专业人士，杨江涛也知道自己的短板，于是通过不断沟通与联络，在北京大学第一医院临床进修了两个月，从而在一线了解了临床病患最真实的需求。为了能够打造完整的基于硬件、软件和试剂的全套服务体系，2016 年 6 月，爱湾医学与日本岛津制作所达成战略合作，成为其妇幼保健系统气质联用仪的独家合作伙伴。

2017 年 11 月，爱湾医学拿到了执业牌照，正式开展业务，第一个客户来自杨江涛的家乡——山西运城。"很早我了解到家乡在这个领域基础较为薄弱，首先是几百万元的质谱仪非常昂贵，其次是缺乏专业人士开展遗传代谢病的筛查、诊断和跟踪治疗。于是我就想出一个合作共建的模式，

---

[1] 2018 年 9 月 18 日，光明区正式成立，其前身为光明新区。本文作者于 2020 年对杨江涛进行采访，采访内容中均使用"光明区"。

立足运城市妇幼保健院，建立了山西省第一个具有全方位新生儿遗传代谢病筛查、诊断和跟踪治疗的质谱医学精准医学中心。"

杨江涛回忆道："记得 2017 年 12 月，我们接到第一批运城的样本，一共是 721 个，当时我就要求团队加班加点，第二天必须对样本分析出结果并给客户反馈回去。而且，我们内部要求'以敬畏之心对待每一份样本'，既要保证高效率，还要保证最优的检测质量。"服务标准就这样确定下来，两年多时间，爱湾医学的服务质量获得行业客户的一致认可。

| 用过硬的技术证明初心

患有遗传代谢病的孩子如果早期发现并采取积极治疗，可为社会节省约 70% 的成本，从社会经济角度，可减轻患儿家庭沉重的经济负担，缓解精神压力，同时也可为患儿家庭再次孕育生命提供科学的遗传咨询及帮助。

爱湾医学独立开发了中国新生儿遗传代谢病检测数据库和筛查软件，改变了外国筛查软件垄断的局面。爱湾医学团队已经获得 2 项发明专利、10 项实用新型专利以及 2 项软件专著。2017 年 12 月，与湖南大学俞汝勤院士团队合作建立了国内首个以新生儿遗传代谢病大数据分析为研究目标的"院士工作站"，并获得广东省、深圳市首批院士专家企业工作站授牌。如今，爱湾医学和国内多所高校以及医院达成了合作协议。

爱湾医学用过硬的技术赢得了社会的认可和尊重。杨江涛讲述了这样一个故事：2019 年，光明区一家医院出生了一个可爱的女婴，可出生 3 天后孩子竟然夭折了，当时爱湾医学负责给女婴做新生儿遗传代谢病诊断，在 3 天内拿出一份诊断报告，结论是女婴患有非常罕见的瓜氨酸血症 I 型遗传代谢病，从而避免了一宗有可能的医疗纠纷。女婴的父亲曾火急火燎地来到爱湾医学咨询，如何才能在孕育下一个小孩时避免患上瓜氨酸血症Ⅰ型遗传代谢病，杨江涛给予了专业的指导。

"面对年轻父母们信任而感激的眼光，我就觉得做这份事业是多么光荣。曾有一次，一对双胞胎中的哥哥出生后很快就夭折了，通过我们快速诊断，发现哥哥患有甲基丙二酸血症这个遗传代谢病，可是弟弟却暂时没有出现临床急症。通过对弟弟的快速诊断，并给予补充维生素 B$_{12}$ 的治疗，现在这个双胞胎弟弟成长得非常健康。从某种程度上说，是哥哥用自己的生命挽救了弟弟。"杨江涛说。

| 参与民生工程，造福更多家庭

爱湾医学将这种技术优势转化为为群众谋福利的优势。爱湾医学承担了深圳市光明区全部新生儿三级出生缺陷预防的民生工程，为光明区约一万名新生儿进行 48 项遗传代谢病及耳聋基因的检测。

所有的小孩出生后要强制采集足跟血做筛查，光明区从 2017 年就开始做这样的民生工程。杨江涛介绍："最开始是有基金会的资金支持，2019年 4 月合同到期后，我们觉得中断已经有一定基础的数据收集研究工作非常可惜，不利于区域的疾病防控，也不利于区域的流行病学调查。刚好在 2018 年，爱湾医学和中国科学院大学深圳医院合作，拿到了深圳市科创委基础学科布局项目。有了科研项目支持，爱湾医学也可以力所能及多做一些事情，就免费又做了 6 个月的筛查工作。直到 2019 年 10 月，光明区政府开始将项目纳为民生工程，免费为光明区新生儿提供 48 项遗传代谢病及耳聋基因的检测服务。"他透露，爱湾医学现在也会针对一些特定的家庭提供免费的基因诊断和遗传咨询。

爱湾医学团队

　　杨江涛特别注重技术的深入研发，2019 年参与撰写中华医学会继续医学教育教材《从病例开始学习遗传代谢病》；2020 年还作为国家遗传代谢病领域的专家参与了国家相关诊断技术标准制定工作。2019 年 8 月，爱湾医学成为罕见病诊断设备——国家卫健委制定的《罕见病诊疗指南（2019版）》中气质联用仪的国内独家综合方案提供者。2019 年 10 月，爱湾医学获批为"广东省遗传病基因检测技术工程研究中心"。

｜打造绘本馆造福社区孩子

　　作为两个孩子的父亲，杨江涛特别喜欢孩子。他非常自豪的是，可以把自己对孩子的爱融于事业中。

深圳市光明区儿童友好实践基地

爱湾医学办公区拥有舒适的图书角、怡然自得的休息区和回归自然的超大阳台，这一切都让人耳目一新。在 1400 平方米的办公区里，爱湾医学专门划出 200 平方米，为孩子们打造了一个绘本馆，馆藏绘本 8000 余册。杨江涛说："光明远离市区，我们希望为光明的孩子们打造一个舒适休闲娱乐的公益场所，也可以让在这里工作的父母和他们的孩子更有归属感，同时这也是企业的责任感。"

2017 年 2 月 22 日，在光明区文体教育局的支持下，光明区图书馆爱湾绘本分馆正式开馆，这是深圳市首家由政府支持、企业运营的公益性儿童绘本图书馆。爱湾绘本馆对社会开放，提供图书免费借阅服务，馆内藏书与深圳各个图书馆实行联网漂流，读者可免费预约借阅、异地借还，此外，爱湾绘本还配置投影、音响设施，可为社会免费举办亲子读书会、儿童主题沙龙等儿童社交活动。开馆至今，绘本馆举办的公益亲子读书会活动数十场。爱湾绘本馆也成为员工们奉献爱心的场所。在爱湾，所有的员工都是绘本馆的义工，轮值给来绘本馆的家长和孩子提供服务。作为义工讲师，杨江涛一有时间也喜欢在绘本馆引导孩子们阅读。2019 年，爱湾绘本馆获得了"深圳市光明区儿童友好实践基地"的荣誉称号。

杨江涛很享受目前创业的生活状态："我选择自己所喜欢的事业作为创业方向，乐此不疲，还能不断发现新的奋斗目标。比如，质谱是激素检验的'金标准'，我们已经与上海复旦大学附属中山医院建立战略合作关系，在质谱技术的应用上做更多的延伸与开拓，为国内新生儿遗传病检测和诊断做出新的贡献。"

"企业高管是单科冠军，创业者必须十项全能。"

宋勇华，中国科学技术大学软件工程硕士，深圳灿态信息技术有限公司创始人。

深圳灿态信息技术有限公司荣获 2019 年第三届龙华区创新创业大赛企业组优秀奖。

宋勇华：

从富士康高管到智能制造"弄潮儿"

2020 年 9 月 11 日，在深圳国际会展中心举办的"新基建与 5G 应用论坛"上，深圳灿态信息技术有限公司（简称"灿态信息"）创始人宋勇华分享了题为"智能制造数字化之路"的报告，他说："MES（制造执行系统）可以帮助企业实现跨部门协同运作互联互通，透过对生产全过程数字化监控，帮助制造业实现提质增效降本减存的生产优化目标。"

这位声音洪亮、年过四十的创业者，曾在富士康集团工作 18 个年头，历经富士康苹果生产线、华为松山湖手机生产线、徐工赫斯曼工厂、格力空调生产线等 100 多项大型智能工厂实施案例，拥有 18 项专利发明，是在深圳成长起来的资深智能工厂开发、实施与管理方面的专家。那么，他是如何从富士康高管华丽转身为智能制造弄潮儿的呢？

｜富士康工作 18 年从基层到总干事

富士康集团是全球最大的电子专业制造商之一，拥有 100 多万名员工。富士康曾于 1988 年在深圳投资建厂，从珠三角到长三角，再到环渤海，建立了 30 多个科技工业园区。

对于深圳人来说，富士康是一个制造王国，曾有数十万人在富士康工业园工作过，宋勇华就是其中一员。1999年，他一毕业就直接加入富士康，成为富士康集团中央资讯的一名基层软件工程师，十年磨一剑，他从"师2"级晋升到"师9"级。

2008年，对宋勇华来说是一个转折点，富士康集团内部成立了一家叫捷达世软件公司的软件企业，主要研发标准化的工业级系统软件，目标是登陆资本市场，对外赋能制造业。当时，捷达世软件公司成立了MES技术委员会，由宋勇华担任总干事，负责建立富士康集团内部生产系统分级分类MES模块化匹配组合以及MES人才培育应知应会晋升体系，并带领富士康MES软件研发团队率先通过软件行业CMMI L4、ITIL20000服务体系、PMP（项目管理职业资格认证）等众多国际标准认证，实现了从一名研发技术管理人员到软件产品经营者的转身，并开始通过富士康自有采购体系以及和西门子、IBM（国际商业机器公司）等大集成商的渠道合作方式，对外寻找客户输出富士康先进的工业级系统软件。正是这些经历，让宋勇华对工业软件的市场以及行业生态有了清楚的认识。

"格力空调在2007年希望做信息化升级，当时市面上并没有成熟的方案，也几乎没有服务商，他们想借鉴富士康工业信息化的成功经验。于是，正在筹备的富士康中央资讯捷达世软件公司派我去了格力空调珠海厂了解技术需求，给出技术方案。那几年，我们开始实现转型，由富士康集团内需型服务开始大步走向外面市场，作为富士康智能制造对外输出的最早一批顾问专家，同时也承担起捷达世软件公司MES业务的运营。我们每月邀请50家下游供应链制造企业来富士康分享交流富士康信息化的成功落地经验，也经常走出去与国内各类制造工厂打交道。我从一名纯粹的技术研发人员，转型为具有战略思维和市场思维的经营者。"宋勇华回忆那段"内部创业"的难忘经历时说道。

令宋勇华难以接受的是，捷达世软件公司运转了 5 年，却突然在 2013 年宣布解散，800 多名员工有的被迫转岗，有的选择辞职。这个时候，宋勇华开始思考人生的意义，觉得自己对 MES 行业倾注了所有的热情和希望，而捷达世软件公司竟然就这样戛然而止，他又将何去何从呢？

| "中原跑团"团长跑出新境界

2013 年年底，宋勇华与富士康前同事们一起成立了深圳灿态信息技术有限公司，当时他的想法是这帮做工业信息化的兄弟一起打拼了 10 多年，全部解散太可惜了，成立灿态信息就可以把捷达世软件公司负责 MES 的原班人马暂时保留下来。

灿态信息成立后，宋勇华并没有立马离开富士康，因为当时富士康要在郑州修建为苹果手机代工的工厂，经验丰富的宋勇华被派往郑州做"数字化总干事"，一干就是 3 年。郑州工厂设在郊区，周围缺乏配套设施，工作之余无事可干。而那个时期，宋勇华内心失落而彷徨，苦于找不到人生的目标和意义。

2014 年开始，宋勇华开始了跑步，沿着小河边、山道、操场进行长跑，最后参加了全国各地马拉松比赛，跑遍全中国 60 个城市 134 场马拉松，一年跑遍五岳、玉龙雪山和珠峰大本营。刚开始只有宋勇华一个人跑，后来就带着同事们一起跑，成立了富士康"中原跑团"，他担任团长。该团人数最多的时候有 400 多人。

"通过跑马拉松，我忘记了荣辱，忘记了胆怯，跑到最后只剩下呼吸，大脑一片空白。跑 100 公里的过程中，我战胜了内心的极度孤独。这锻炼了我的毅力和体魄，让我拥有了一个强大心脏。我不再纠结何去何从，不

宋勇华参加北京鸟巢半程马拉松赛

再计较利害得失，对富士康也多了一份理解和感恩。马拉松让我打开了心胸，并且通过马拉松运动结识了更多的人，我彻底地满血复活。"宋勇华跳出了富士康的圈子，跳出了固化的思维，对人生再次充满了希望和信心。

| 瞄准智能制造，灿态信息应运而生

2016 年年底，富士康郑州工厂竣工，宋勇华回到深圳，这时的他去意已决，全身心投入到灿态信息的创业中去。

2015 年 3 月 5 日，李克强总理在全国两会上作《政府工作报告》时首次提出"中国制造 2025"的宏大计划。同年 5 月 19 日，国务院正式印发《中国制造 2025》。"中国制造 2025"已经成为国家战略，智能制造成为我国制造业的发展趋势。

宋勇华看到，在中国制造业增加值在全球占比约 30%，平均利润率占比约 3% 的背景下，国内普遍希望借助数字化工厂实现降本增效，升维发展。他知道，数字化工厂可实现每一个产品全程追踪、每一个订单进度明确、每一次呆滞和异常自动报警，帮助企业提升生产效率和产品品质，帮助我国制造业提升在全球价值链上的位置。

"灿态信息在智能制造领域一定可以大有作为，"宋勇华说，"中国传统的制造业问题不少，但方法总比问题多。我们还是有解决方案的，这就是工业互联网、数字共享。有了工业互联网，这个行业越来越互联，包括外部供应链的互联、内部跨部门的协作、设备可采可控、人机交互、预防预警、远程控制等。有了数字化工厂，生产环节越来越透明，数据越来越翔实，预测预判更有前瞻性。这样就能有效推动柔性制造和敏捷生产了。"

宋勇华曾经跑了上百家企业，更深刻地体会到智能制造的实际状况，

大量中小企业真正关心的是如何实实在在去落地，具体产生了什么价值。于是，"三屏智造观"的价值理念在实践中应运而生，从三块屏幕看智能制造如何落地生根。老板的手机屏、部门经理的电脑屏、车间的大看板，这三块屏幕蕴含的是一个企业高、中、基三个管理层面如何通过系统互联互通、高效协同。基于同一个频道进行优化提升，系统导入核心就是管理的升级和落地。"三屏智造观"致力打造符合企业发展实际需要和高性价比的智能化平台，走出一条中小企业智能制造的务实发展之路。

2017年8月，灿态信息受邀入驻蛇口招商创业大厦8楼的"厘米空间"，免了3个月的房租。就在这个孵化器里，宋勇华注册了工业软件产品版权，搭建了员工持股平台，组建了销售团队，并中标了第一个大单——坪山盛波光电的生产流程信息化改造工程。孵化期结束了，灿态信息意外获得招商启航天使基金300万元的投资。

宋勇华直爽地说："我以前的社交圈子就是富士康，为了给灿态信息找到更多的资源，我频繁参加全国各地的创新创业大赛，以期结识更多的产业合作伙伴和战略投资者。"2017年年底，灿态信息在北京举办的第五届"社群思维总裁班"海选中，从100家企业中脱颖而出，夺得第一名的好成绩，从而收获了北大创客的300万元投资。2019年9月，在第三届龙华区创新创业大赛中，灿态信息荣获企业组优秀奖。

| 参与富士康"植物工厂"的建设

宋勇华是一个稳健型创业者，他一方面为企业规划了长远的产品研发计划，另一方面也在与大企业合作中打造标杆项目，"老东家"富士康自然成为最理想的大客户。

2018年年初，富士康计划建设全球最大的"植物工厂"，面积5000多平方米，拥有14层种植层架，利用LED照明、培养液等技术，在室内种植无毒、无虫害的蔬菜。"植物工厂"的智能化系统没有人做过，宋勇华积极参与"植物工厂"的智能化和数字化系统建设，建立了智慧数据库，收集环境参数和生产排期等数据，同时可以进行数据分析和共享，确保"植物工厂"每天可以生产2.5吨蔬菜。

"植物工厂"的成功建设，让灿态信息成为富士康的一级供应商，2019年灿态信息参与了富士康5G生产线的信息化建设，2020年完成16条SMT（表面封装技术）的智能化系统升级。宋勇华透露："以富士康龙华厂区16条线为基点，树立SMT工业互联网标杆平台后，推动富士康全球1500条SMT线，以此类推到整个珠三角5万条SMT线，甚至全国15万条SMT线。"

富士康项目属于灿态信息针对大型企业客户打造的"示范工程"，可以给很多国内制造企业做标杆。短短一年多时间里，灿态信息就吸引来华为、和而泰、珠海冠宇、广州卡尔蔡司、青岛惠陆等知名企业慕名前来寻求合作。

用标准软件产品赋能中小制造厂

灿态信息从中小企业的实际需求入手，研发出高性价比的智能化平台，目前推出了两款标准软件产品，协助中小企业智能制造的落地发展。

宋勇华介绍，灿态信息第一个标准软件产品是"鹰眼云看板"，这是基于他多年制造业心得"三屏看制造"的观点发展出来的。其中，一屏应用于车间，帮助企业掌握在制品生产进程、订单完工状况、订单尾数状况、质量良率等最新生产状况；二屏应用于战情室，帮助企业掌握产品线或机台的生产状况、质量状况、设备状况、人员状况、异常状况，了解整个车间每个工序生产状态和产品底图；三屏应用于指挥部，帮助企业随时随地掌握成本、订单、出货状态等数据。云看板平台不产生任何数据，但它能打通并展示所有数据。灿态信息的第二个拳头产品叫"蜂巢标准采"软件，解决的是工厂中信息的标准采集难的痛点。目前，这两个产品已在富士康推广，在其他制造企业也有广泛应用，市场认可度比较高。

据了解，MES被称为工业软件的核心，未来市场空间广阔，复合增速保持在40%左右。从国际市场来看，2014年全球MES行业市场规模约为67亿美元，过去5年保持年均21.65%的高速增长，到2020年，MES行业市场规模达到150亿美元，未来保持年均18%的复合增速；从国内市场来看，我国国内2014年MES行业市场规模约为26亿元，同比增长25%，未来平均增幅保持在40%左右，国内MES市场是国际平均增速的2倍以上，这也得益于国内较多的工业自动化改造实践。

宋勇华对自己在MES工业软件的技术优势很自信，他分析道："当前，智能制造整体解决方案仍处于起步阶段，但在局部环节已有成熟案例。厂商结合自身业务的特点，围绕企业智能制造需求，基于制造企业现有基础提供多样化的解决方案，比如实现可视化过程监控、柔性化生产制造、精益化管理运营等。其中，实现车间生产数据实时采集、监测和管理，提升车间的操作自动化、生产管理精细化、装备应用智能化成为当前智能制造系统解决方案供应商的主要业务，也是市场接受度较高的领域。这就是灿态信息可以一显身手的地方。"

宋勇华评价自己已走过的人生是"三个马拉松"："一是职业生涯马拉松，在富士康18年只做一件智能制造这件事；二是业余爱好马拉松，跑遍全国60个城市134场马拉松，我懂得最重要的是坚持自己的梦想，还要能忍受过程中的各种挑战和诱惑；三是创业马拉松，不论是产品研发还是市场开拓，都像马拉松一样需要坚强的意志和良好的体力，在这场马拉松里还需要智慧和胆识。"

高管创业的制胜秘诀

在创业者群体中有这样一类人，他们曾在大企业或科研院校打拼多年，担任管理职务，工资待遇优渥，可为了内心的梦想，他们走上了创业的道路。他们既怀有对老东家栽培的感恩之情，同时也有对过去的企业文化的某种继承和发扬，更多的是基于梦想在创业过程中实现的创新和超越。

高管创业的制胜秘诀有哪些？归纳起来有三点：

一是创业要发自内心地喜欢，这是创业的原动力所在。罗昌杰曾有一段在科研机构工作的经验，他对离职去创业的人给出的第一条忠告就是创业时要发自内心地喜欢："要有激情和原动力，创业不能全是为了钱，如果这样会很累，而且在遇到困难的时候很可能会放弃，而我们一开始创业，每做成一个项目就觉得很开心自豪，做成的标准就是比现在的产品好，能满足市场上的需要。对于学工科的人来说，把学习到的东西用在对社会有意义的事上，本身是很快乐的事情。"

二是创业的成功取决于能否凝聚人心。因为一个人再能干，也不可能把所有工作全部做完，一定需要团队成员的积极配合，那么，作为创业者一定要把团队成员聚焦到同一个目标上，才能形成强大的战斗力。海目星董事长赵盛宇认为，团队成员形成共识十分重要，他说："与在科研单位做部门负责人不同的是，创业其实就是带领一群人去实现一个愿景。那么，如何带领这群人则是最为重要的。在创业过程中，团队间的沟通交流、各种矛盾的化解、团队士气的鼓舞，这些问题都让我尝到了创业的艰辛。然而，最重要的还是团队成员对彼此、对自身、对所干事业的认同感。我作为企业的带头人，要'求大同，存小异'，形成共识。"

创业者要懂得分享，才能凝聚人心。蓝网科技创始人张炎德说："我曾在大型企业的管理岗位工作过 10 多年，也独立创业了五六年，在做企业高管的时候，是被分配的对象，在做企业一把手的时候，是决定如何分配的人。因为体验过这两种不同的角色，我明白一个道理，创业是一个非常考验人性的过程，最大的考验就是创业者能否从自己口袋中掏出东西分给大家，重要的不是分享的股份有多少，而是这些股份有没有价值。企业要有生命力，就需要一代人一代人地去奉献，只有懂得分享、懂得团结优秀的员工共同前进的人，才能把企业做大，经营出一家百年老店。"蓝网科技在 2015 年实施了第一批高管持股方案，2020 年秋天启动第二批高管持股计划。张炎德用他的实际行动证明分享的重要性和必要性。

三是创业者要自我修炼成全能型人才。灿态信息创始人宋勇华深有感慨地说："我在富士康打工 18 年做到高管，后来再创业，我曾打比方说，在企业，高管是单科冠军，但选择创业就必须是全能型人才，每门功课都要优秀。不仅要会技术研发，还要会市场销售；不仅要与投资商洽谈去找钱，还要会内部管理，激励团队。毫不夸张地说，创业者必须十项全能。创业第一年，缺人才，我从财务、行政到编程员，什么活儿都要干；第二年缺资金，我到北京、上海等地去参赛，以期结识更多投资商；第三年缺市场，产品出来了，要找客户啊，自己就是公司第一个销售员。创业过程就好比打怪升级，一个比一个厉害，公司面临危机的时候，创业者永远不要指望别人来救你，必须时刻准备自救。所以，我凡事都会做最坏的打算，做任何事情都留有余地，这是我创业后养成的一种习惯思维。"

爱湾医学创始人杨江涛认为，创业者不仅要十项全能，而且需要有一颗强大的心脏。他说："创业者总是公司中最能坚持的那一个人，在团队成员有人懈怠的时候，或者企业发生方向偏移的情况下，需要创业者具有锲而不舍的精神，继续坚持下来，并重新树立正确的方向，这样团队才能始终坚持在正确的道路上走下去。"

第三章

留学归来长报国

我的事业在中国，我的成就在中国，我的归宿在中国。

——钱学森

温书豪，曾在美国麻省理工学院做博士后研究，如今，他创办的深圳晶泰科技股份有限公司成功为来自美国、欧洲、中国、日本的数十家先锋药企提供了新一代的药物研发服务。

邓飞，曾是美国特拉华大学终身教授，他创办的深圳烯湾科技有限公司将"终极纤维材料"的产业化视为公司的使命，在过去5年里打破国外封锁，实现了技术突破，全力为国家产业升级提供基础材料支撑。

张帆，曾在美国新墨西哥大学和内布拉斯加大学林肯分校做博士后研究，他创办的深圳市北斗智能科技有限公司凭借"天枢轨道交通智慧安全立体防控平台"项目勇夺2020年深创赛互联网和移动互联网企业组一等奖。

高志博，曾是香港中文大学医学科学博士，他创办的深圳裕策生物科技有限公司，以"让肿瘤免疫更有效"为己任，持之以恒深耕肿瘤免疫领域，不断精进技术和产品，成为行业的佼佼者。

他们有一个共同的标签——"海归"创业者，不仅学历高，拥有全球视野，而且心怀祖国，梦想实业报国。他们为了祖国的富强和人民的幸福，走上创业的道路，一路披荆斩棘，一路精彩绽放。

————

"如果你想创业，国内发展机遇要大于海外。"

温书豪，深圳晶泰科技股份有限公司联合创始人兼董事长，浙江大学兼职教授，广东省人工智能与化学药物应用工程技术中心副主任。

—

深圳晶泰科技股份有限公司荣获 2019 年第八届中国创新创业大赛生物医药行业总决赛成长组三等奖。

温书豪：

用人工智能为制药工业加速

2020 年 5 月，《财富》编辑部发布了"2020 年中国 40 位 40 岁以下的商界精英"榜单，深圳晶泰科技股份有限公司（简称"晶泰科技"）联合创始人、董事长温书豪博士入选。《财富》从 2011 年开始进入大众视线，被称为"商业巨星的摇篮"，腾讯的马化腾、网易的丁磊、美团的王兴等人都曾入选该榜单。

6 年前，温书豪与伙伴们在美国麻省理工学院校园里创办的一家小企业——晶泰科技，竟然成为全球人工智能制药领域获得融资最高的创业公司，在 C 轮融资中获得 3.188 亿美元的投资，而且投资机构是人保、软银愿景基金、晨兴资本、红杉资本中国基金（简称"红杉中国"）、谷歌、腾讯等著名投资机构，一举创下人工智能制药行业的融资新纪录。温书豪目光笃定地说："能够获得红杉中国、谷歌、腾讯这些人工智能与计算机科学领域顶级投资人的支持，是对我们技术的极大肯定，我们也非常期待未来与他们进一步的合作。"

｜从校园创业到获得腾讯投资

2010 年，温书豪从中科院大连物化所博士毕业后，来到美国加州大学做博士后研究，而这一年，他的舅母被诊断为肝癌晚期，家人托他在美国寻找特效药，可美国市场上的靶向抗癌药一年药费高达10多万美金，家人感到巨大的压力。后来，舅母不幸病逝，温书豪常常自问："抗癌药为什么这么贵？人的生命究竟值多少钱？"这些问题在他脑海中挥之不去。

2013年，温书豪来到麻省理工学院做博士后研究，这里浓厚的创业氛围让他有了新的想法。"校训里写着鼓励创新，鼓励把学术成果转化成生产力，把成果应用到产业中去，这对我后来选择创业有深远影响。"温书豪说，"麻省理工学院被誉为'制药硅谷'，在这里我了解到美国药品之所以昂贵，是由于药企、保险公司、政府等多种因素博弈所造成的，药企要获得足够的利润才能驱动企业持续创新，美国GDP的16%～19%来源于医药健康产业，谁拥有新药的专利，谁就拥有药品的定价权，我理解了制药工业中获取专利是核心环节。"

时间很快就到了2014年，当时美国的制药行业开始希望借助人工智能新技术提高药物研发效率，而当时云端超级计算也发展到了最合适的时机。同年底，温书豪与麻省理工学院同学马健和赖力鹏一起在波士顿创办了晶泰科技，计划用人工智能算法为制药工业提速。

企业才成立一个月，就幸运地遇到了天使投资人。2015年年初，人人网CEO陈一舟来到美国波士顿，温书豪把创业项目给他介绍了一番，陈一舟敏锐地捕捉到这个投资机会，很快答应给予晶泰科技200万元的天使投资。而后，马健先行回国，寻找在国内落地发展的城市。

马健把眼光投向深圳，这里聚集着中国最优秀的民营企业——代表硬件最高水平的华为、互联网行业的领军企业腾讯、金融行业的翘楚平安集团。在深圳，马健和温书豪得到热情接待，他们参观考察了前海一带的创业环境，了解到深圳良好的人才政策，温书豪对深圳的创业环境十分向往。于是，他们在深圳南山区西丽超算中心租用了 20 平方米的办公场地，把晶泰科技注册下来。几位创始人就在西丽的出租屋，住了大半年，条件很艰苦。

当时，温书豪参加了"混沌巡洋舰"群组织的线上活动，讨论利用物质结构的"黑科技"来研制新药。温书豪发表了自己独到的见解，没想到这个演讲视频被潜水在群里的腾讯投资管理合伙人李朝晖看见。"当时腾讯也在推'互联网＋医疗'，提倡'科技向善'，我们的初心也是用算力做药物研发，所以双方一拍即合。最有趣的是，当时腾讯组织了一支 10 多个人的尽调团队到我们公司来调查，而晶泰科技整个团队才 8 个人，我们的想法也还只是停留在 PPT 阶段，很多想法没有变成可以看见的东西。但腾讯投资团队非常专业，经过详细调查后，认定我们的项目靠谱，一举投资 3000 万元。2015 年 11 月，晶泰科技宣布完成 A 轮投资。由于腾讯的注资，我们对深圳的创业环境有了巨大的信心。"

| 顺利通过"盲测"赢得一流客户

晶泰科技在深圳成立之后，温书豪和马健马不停蹄地奔去上海张江高科技园区寻找制药公司合作，却没有取得预期的效果。

"我们介绍晶泰科技是一家以计算驱动创新的药物研发科技公司，基于量子物理、计算化学、人工智能与云计算技术，为全球创新药企提供智能化药物研发服务。跨国药企的中国公司都觉得我们所讲述的离产业界还有一段距离，中国本土药企则觉得我们的想法太超前，总之几个月下来，没有谈成一桩生意。"在国内市场一无所获，温书豪把眼光投向了美国市场。

2016 年 8 月，他来到辉瑞位于田纳西州的研发中心介绍晶泰科技的业务方向，说："我们希望借助人工智能算法来提高药物研发关键环节的效率与成功率，降低研发成本，为患者带来更多优质的药物。"在这里，他们并没有吃闭门羹，反而被出了一道难题——辉瑞给温书豪团队 3 个药品，让他们在 3 个月时间内预测这 3 个药品里所包含的晶型结构，如果预测结果与辉瑞内部研究结果一致，辉瑞就答应与晶泰科技开展业务合作。

温书豪回到深圳，与团队开始没日没夜的研发工作。那个时候，有的员工吃住都在办公室，有的员工一周也不曾回过家。苦干了 3 个月，温书豪把计算结果写成报告提交给辉瑞公司。

就在 2016 年感恩节前两天，辉瑞公司来电话要温书豪去面谈一次。次日凌晨 3 点，温书豪与公司首席策略官蒋一得一起开车去康涅狄格州的格罗顿，一路忐忑不安，不知道报告的结果是否符合辉瑞的要求。如果通过辉瑞的盲测，对企业将是巨大的喜讯；如果失败了，则意味着再次跌入谷底。

"太震撼了！"辉瑞研发中心材料部负责人见到温书豪就惊喜道，"没想到你们一家初创企业把 3 个药物的 14 个晶体结构全部准确地预测出来了，你们是全球唯一通过盲测的公司！"

温书豪与蒋一得闻讯特别振奋，此前他们心里并没有底，而得知自己团队所进行的创新性研究得到全球顶级制药企业的认可之后，心中涌上了强烈的自豪感。经过这一场硬仗，晶泰科技团队得到了充分的锻炼和磨合，成员之间的凝聚力空前加强，形成了一股很强的战斗力。

2017 年 3 月，晶泰科技与辉瑞签订研发合作协议，实现大客户零的突破。晶泰科技一战成名，美国的强生、欧洲的罗氏、日本的卫材等世界著名药企纷纷成为晶泰科技的付费客户。温书豪说："与每个跨国药企合作之前，都要经过他们内部的盲测，我们的准确率高才能胜出。"

| 红杉资本主动上门来投资

除了三名创始人来自麻省理工学院，晶泰科技还有什么特点？他们到底是一支怎样的团队？

温书豪介绍，晶泰科技从事的工作属于跨界研究，所以团队成员是混搭的，核心团队由来自学术界、IT互联网界及医药产业界的优秀人才组成。年龄结构方面，做物理研究出身的博士后们，大多是"80后"；做人工智能算法的工程师，大多是"90后"的年轻人；做药物研究的博士们，年龄都在50岁以上。

令人好奇的是，温书豪是计算物理学博士，马健是量子信息学博士，二人的专业看似跟药物研发没有什么关系，他们是怎么在药物研发领域创业的呢？

"我们构造了这样一个化学空间，我们相信好的药物候选者就在这一空间中，当我们知道它们的存在后，用什么工具把它们选出来呢？在实际项目中，晶泰科技积累了超过30个不同的模型，包括对药物的活性评价和预测等。把这些方法，包括量化计算、分子动力学模拟的方法和我们自己开发的计算化学模块，还有人工智能的方法以及云计算等，整合在一起构建了一个新药研发平台——ID4。"温书豪介绍道，"这个平台可以服务两个方向。一是服务药物早期发现，包括靶点寻找、药物结合位点预测，得到蛋白靶点之后的小分子药物筛选，筛选后做先导化合物优化，同时用于晶型的预测和后期的实验研究。借助ID4平台，我们可以在筛选过程中同时对候选分子的多个属性进行考虑，包括活性、成药性、骨架的新颖性、可合成性等。另一个是晶型预测。医药领域非常关注其晶体结构是否为最优结构，在特定的条件下是否会发生晶体的转变，而仅仅依靠实验的方法没有办法保证全面性，计算的方法则更容易做到这一点。我们的 ID4 平台可以从分子的化学结构式出发，预测该分子所有可能的晶体结构，以及其稳定性的排列，我们不止能计算出一个最稳定的晶体结构，还能算出其他可能存在的晶体结构。"

这样一支特殊的跨国团队，进军如此超前的研发方向，而且赢得了行业顶级客户的认可，自然吸引国际顶级投资机构的关注。红杉中国了解到晶泰科技获得了辉瑞的付费合作订单，并且签署了 10 年战略合作协议，晶泰科技的算法被嵌入到辉瑞的标准研发流程中。红杉中国于 2018 年找上门来，向晶泰科技抛出"橄榄枝"。

2019 年 1 月，晶泰科技宣布完成了约 1500 万美元的 B 轮融资，本轮融资由红杉中国领投，谷歌跟投，A 轮投资方腾讯继续追加投资。至此，晶泰科技融资总额超过 2000 万美元。

红杉资本全球执行合伙人沈南鹏看好晶泰科技这匹"黑马"，他说："晶泰科技的技术创新针对药物研发中高度依赖实验试错所带来的痛点与瓶颈提供了独特的解决方案。红杉中国对晶泰科技的投资，体现了我们看好人工智能带动医药产业变革的发展前景。晶泰科技在技术、团队、商业模式上，都有优势成为这一领域的领跑者。期待红杉中国能够帮助晶泰科技实现价值，成长为一家成功且具有影响力的企业。"

"晶泰科技的人工智能平台是一个强大的药物研发工具，许多重要的研究人员已经开始应用。他们的药物研发技术，如 ID4，能够在提高新药研发能力与效率的同时降低成本。我们很荣幸与这支实力强大的团队合作，也对他们未来的发展充满期待。"谷歌企业投资发展部的林宜范更是不吝赞美之词。

腾讯投资管理合伙人李朝晖是晶泰科技的老朋友，他说："在获得腾讯的 A 轮投资之后，晶泰科技发展迅速，在人工智能药物研发技术上的创新获得了世界知名药企的认可，腾讯本轮追加投资，在于我们看好晶泰科技团队的创新能力和执行力，也对人工智能驱动药物研发这一领域的未来发展富有信心。"

完成 B 轮融资后，晶泰科技迅速发挥现有技术优势，继续推进与国际药企及研究机构的合作研发项目，并向药物研发的上下游环节拓展。晶泰科技建成以高精度预测指导的结晶实验室，赋予药物研发人员前所未有的药物固相设计能力，从而进一步提升研发效率与项目成功率。与此同时，结合平台积累的大量高精度计算数据开发新的算法应用，为新药研发提供更丰富的解决方案。

｜挣的每一分钱含金量都很高

晶泰科技已经成功为来自美国、欧洲、中国、日本的 40 余家先锋药企提供了新一代的药物研发服务。温书豪笑道："我们企业成立以来，累计销售收入很快达到数亿元人民币，但我们挣的每一分钱含金量都很高。因为我们给跨国药企提供的技术服务难度很大，未来业务增长空间其实也非常大。"

2019 年，晶泰科技夺得第八届中国创新创业大赛生物医药行业总决赛成长组三等奖。在国内人工智能药物研发的赛道上，晶泰科技成为冉冉升起的新星。越来越多的中国本土药企开始接触晶泰科技，如信立泰等企业也开始与晶泰科技有业务合作。

温书豪透露，人工智能结合晶泰科技所做的药物虚拟预测的平台和算法，最大的价值之一就是它打破了现在药物研发当中的一些线性的限制。

原来只有在比较后期的试验中才能研究的某些非常重要的性质，比如说必须有一定量的量产后才能研究它的溶解度。而现在，通过预测和云计算可以帮助药物科学家在早期就预测分子的活性、稳定性、最优晶型、毒性、溶解度等，让新药研发大大提速。

"我们公司员工有很强的成就感，因为用我们的算法可以帮助新药提前上市，造福更多患者。我们与辉瑞合作的第一个产品 Crisaborole（克立硼罗），已经上市了，它的用途是治疗特异性皮炎。由于晶泰科技的参与，这个药物提早了一年多时间上市。早期药物发现的过程一般情况下要 4 ~ 6 年，而采用人工智能、云计算可以将这个过程缩短到 1 ~ 2 年。"温书豪不无自豪地说。

值得关注的是，新冠肺炎疫情暴发后，晶泰科技也在药物研发上进行了尝试。针对病毒的几个关键靶点，他们对近 3000 个已上市的通过美国药监局（FDA）审核的药品，还有超过 1 万种中药成分分子，进行了老药新用的扫描。温书豪表示："我们最开始找到了 183 个可能对这个病毒有潜在治疗效果的药物，并对它们的活性进行了排序，然后又通过更加高精度的计算方法，最终把这个列表缩减到了 38 个。现在，我们同一些机构合作进行生化实验，希望能够通过一步一步的实验验证，从这 38 个很有希望的药物中找到活性更好、更有可能抑制新冠病毒的老药。"

2020 年 7 月 20 日，36 氪评选出"新基建之王人工智能领域 TOP 50 企业"，晶泰科技名列榜单。2020 年以来，国家密集部署"新基建"政策，将人工智能与 5G、工业互联网、数据中心等七大领域共同列为"新基建"的政策范畴，人工智能成为新型基础设施的主要支持技术之一。作为新一轮科技革命和产业变革的重要驱动力量，新基建赋予人工智能带领未来产业升级，深度融合传统产业，助力实体经济向数字化、网络化、智能化转型的全新使命。温书豪介绍道："制药工业进入数字化、人工智能升级的新阶段，数据、算法和算力成为核心的生产要素，晶泰科技在这些方面做了大量的积累，属于人工智能药物研发赛道上的头部企业，所以被评选为'新基建之王'。我们的目标是希望全球上千款药物研发采用晶泰科技的算法提速，晶泰科技成长为具有全球影响力的人工智能头部企业。"

科技创新永无止境，晶泰科技正在不断地推进技术和科学研究应用的边界。而未来已向晶泰科技敞开了怀抱，全球潜力巨大的人工智能医药市场必将培育出百亿乃至千亿级企业，晶泰科技目前已经抢占了先机。

———

"没有完美的个人，只有完美的团队。"

邓飞，毕业于日本东京大学，深圳烯湾科技有限公司创始人、董事长。

-

深圳烯湾科技有限公司荣获 2020 年第九届中国创新创业大赛全国赛成长组优秀企业，2020
年第十二届中国深圳创新创业大赛新能源及节能环保行业决赛企业组三等奖。

邓飞：

逐梦"终极纤维材料"的产业化

有一种被誉为"终极纤维材料"的新材料，让无数材料科学家为之魂牵梦绕。这种材料就是碳纳米管纤维，它也是高性能纤维材料的新一代产品。目前，高性能纤维是国内外较多使用的材料，被我国列为国防航空科技发展的重点研究对象。

在深圳，有一支由海归博士邓飞领衔的团队——深圳烯湾科技有限公司（简称"烯湾科技"），他们将"终极纤维材料"的产业化视为自己的使命，在过去4年里实现了技术突破，其研发的高性能碳纳米管纤维不仅性能上超越了已有的高性能碳纤维，而且在新冠肺炎疫情期间逆势而上，推出了符合国内市场需求的多种碳纳米管纤维产品，成为一家碳纳米材料领域平台型公司。2020年10月，烯湾科技完成近2亿元A+轮融资，本轮融资由荣富资本领投，博将资本跟投，本轮融资将主要用于二次应用研发、产业基地建设、运营等。至此，烯湾科技站在新的出发点，向更远大的目标迈进。

▎疫情考验真心，烯湾逆流而上

2020年2月26日，邓飞从日本登上飞往深圳的航班。望着飞机舷窗外的朵朵白云，他的心情极为忐忑。

4年前，邓飞辞去美国特拉华大学副教授一职，回到国内与高中时期的好友章胜华一同创业，在深圳市龙岗区注册了烯湾科技。2019年，烯湾科技刚推出了可产业化的高性能碳纳米管纤维产品，也刚谈成了一家大机构的上亿元投资，原本以为2020年可以在产业化方面大干一场，没有想到一场突如其来的新冠肺炎疫情让一切都戛然而止。投资机构的投资款迟迟未到位，而公司账户上的资金仅仅够支撑3个月的员工工资，下一步该何去何从？

邓飞一直都是高才生，后来在国外研究机构做博士后研究、当副教授，他此生遇到的最大一次考验就是这场疫情给创业所带来的种种不确定性。

在深圳下飞机后，邓飞感觉到街头人流明显减少了，湿润的空气里也透出了焦灼。他更为迫切地期待与搭档章胜华再次见面。

章胜华曾任职于富士康集团、深圳国人通信、银星投资集团、深圳领耀东方科技股份公司等公司，在生产、运营、项目管理、研发管理及企业战略规划、经营管理、企业融资等方面有丰富的经验。面对疫情的危机，章胜华显得更为沉着。他与邓飞一起分析了国内的形势，提出了多管齐下的自救策略：一是压缩开支，创始人团队停发3个月工资，高管和中层干部酌情降低薪资；二是向政府部门、银行、老股东等寻求支持，想尽办法找到政策支持和资金来源；三是调整产品布局和组织架构，推出满足市场需求的产品，尽快恢复企业自我造血功能。

邓飞从2020年2月底来深圳，一直战斗到9月，这半年里就如打仗一样紧张，他也深深体会到有章胜华这个搭档一起背靠背作战的幸运。二人的配合十分默契、高效。他们决定在研发中心下设立产品中心，让新材料科研成果快速产业化与落地，先后推出了超级阵列碳纳米管——超黑涂料、

邓飞参加第九届中国创新创业大赛全国总决赛

针对塑料和橡胶的改性材料，这些新产品迅速在市场销售，企业的经营状况开始好转。

2020 年，烯湾科技报名参加了第九届中国创新创业大赛暨第十二届中国深圳创新创业大赛和第六届全国"纳米之星"创新创业大赛，初赛、半决赛阶段都是章胜华冲在比赛现场进行项目路演，邓飞则出现在第九届中国创新创业大赛全国总决赛的现场，烯湾科技最终荣获第九届中国创新创业大赛全国赛成长组优秀企业、第十二届深创赛新能源及节能环保行业决赛企业组三等奖、第六届全国"纳米之星"创新创业大赛创新企业组三等奖。

烯湾科技团队的努力，赢得了老股东的尊重。老股东也向他们伸出了援手，提供了资金帮助；政府方面传来减免 3 个月房租的利好消息；新的股东也谈拢了，由荣富资本领投、博将资本跟投的近 2 亿元投资协议在 2020 年 10 月签约。种种迹象显示，烯湾科技都在向好的方向发展。

时光飞逝，转眼金秋。在过去的半年里，邓飞得到了脱胎换骨式的成长，从科研人员彻底转变成为企业家："我过去招聘人才的时候，一定要找有科研背景的博士生，现在我们招聘新人主要瞄准有产业经验、工程经验的人才。我之前分管研发工作，对销售、市场的情况缺乏切身体会，现在我们有了产品中心，对能迅速产业化、形成销售的成果，就一定按市场需要的方向、节奏来推进，而且学会虚心听取客户的意见，迅速做出参数方面的调整和配合。"

｜海外多地求学，立志打破垄断

碳纳米管是材料领域导电性、导热性和力学性最好的材料，它还是最轻的材料。碳纳米管纤维强化的先进纳米复合材料具有质量轻、强度高、弹性模量高的特点，因此，碳纳米管纤维复合材料是国民经济与国防建设不可缺少的战略性新兴材料。

20 世纪 90 年代初，日本发现了碳纳米管这种新型材料，由于其独特的物理、化学特性，学界和产业界一直对其抱有极高的研发热情和产业期望。其不仅在民用领域应用场景广泛，对于武器装备性能提升同样贡献巨大，可以广泛用于航空器机体及发动机、火箭外壳等高端制造领域。

邓飞介绍："除了航空航天等领域，高性能纤维复合材料还可用于风电叶片、储氢罐、燃料电池及超级电容器等新能源和高端民用器械领域。高性能纤维作为军民两用新材料，属于技术密集型和敏感的关键材料，长期被以日本、美国为首的国家实施严苛的禁运和技术封锁。我们创业的方向就是高性能碳纳米管纤维产业化，目标就是要打破日本、美国对我国高性能纤维材料的技术垄断，从根本上改变国内在关键材料上受制于人的现状。"

邓飞是材料专业出身，深知材料产业化的道路极为漫长。在创办烯湾科技之前，他曾在海外多地求学，苦练过硬的本领。

他说："我曾追随复合材料领域权威专家的足迹，先后到日本、澳大利亚、美国等地求学，潜心研究碳纳米管纤维材料多年，民族情怀一直是支撑我前行的动力。当我读大学的时候，发现身为中国籍的自己是被禁止触碰'高性能纤维'研究课题的，民族情感受到很大伤害。我常常自问：'为何我就不能将碳纳米管纤维材料产业化呢？'可以说，从研究生阶段，这颗种子就在我心底生根发芽。"

邓飞在日本筑波大学材料专业攻读本科及硕士期间，曾担任筑波大学国际学生会主席、筑波市国际交流委员会会长，先后获得筑波银行最优秀留学生奖学金、日本文部省私费留学生称号荣誉。

邓飞每当回忆在日本的求学经历，总会想起一些心酸的事情。在同学们一起喝酒聊天的时候，他最怕大家喝醉，因为这个时候他的日本同学常常会掩饰不住内心对中国材料科学的轻蔑。"平时他们不会说出真实的想法，可能借助酒力，就能大胆地说出来，同学们在谈论全球新材料的未来时，会议论美国或者德国等发达国家的哪位教授可能改变新材料的未来，而一说到中国的材料专家，他们却都是一脸的不屑，我内心很不是滋味。"

当然，除了这些痛苦的记忆，也有一些生命中的贵人，让邓飞每每想起来就会倍觉温暖。在日本东京大学先端能源工学系先进纳米复合材料专业攻读博士学位期间，他师从日本东京大学副校长、碳复合材料领域国际知名科学家武田展雄教授。这位德高望重的材料专家很欣赏邓飞的刻苦钻研，他给邓飞指出了一个前沿的研究方向，就是新一代碳纳米管纤维材料。因为当时邓飞作为中国籍的学生，是不能接触高性能纤维这个课题的，而新一代碳纳米管纤维却是一个非常前沿的研究方向，邓飞就把所有的精力都放在这个材料的研发上。

博士毕业后，澳大利亚 CSIRO（联邦科学与工业研究组织）邀请他继续开展碳纳米管复合材料的学术研究。博士后期间，邓飞在美国特拉华大学复合材料中心工作。与日本一样，特拉华大学也不让中国学生涉足高性能纤维复合材料的研究领域，邓飞也常常感受到身为中国人，在新材料研究领域处处受限。

"我多么希望用所学的知识为祖国突破材料壁垒做点事情。"邓飞清醒地知道，中国一定要尽早打通自己的碳纳米管纤维材料产业化之路，才能突破发达国家的技术封锁。

2016 年年初，他舍弃了安逸的教授生活，毅然决然地踏上了回国的创业之路。

| 回国创业四载，幸有黄金搭档

烯湾科技成立于 2016 年春天，邓飞出任董事长，章胜华担任总经理。烯湾科技是以从美国、日本等地归国的科学家团队为核心创立的高新科技企业，致力于先进碳纳米材料的研制和产业化应用，在全球率先实现碳纳米管纤维产业化突破。

烯湾科技对自身有着非常高的定位。邓飞说："我们作为全球率先实现碳纳米管纤维产业化的企业，同时也是市场的先行者，要积极主动地深

烯湾科城（广州）产业基地设计图

入探索与思考市场需求，引导这种先进材料在更多领域的应用，带动整个产业链实现良性循环，最终把烯湾科技打造成碳纳米材料领域的平台级企业，成为高端碳纳米材料应用的'港湾'。这其实也就是'烯湾'名字的由来。"

令邓飞感到很幸运的是，他的搭档章胜华有 10 多年的自动化设计经验和产业化经验，二人的完美组合打动了松禾资本董事长厉伟，松禾资本成为烯湾科技的天使投资人。2016 年 5 月，松禾资本为烯湾注资上千万元。

2017 年，烯湾科技完成 A 轮融资，共 4 家投资机构参与此轮融资。有了资本注入后，烯湾科技开足马力往前奔跑，在深圳、特拉华、东京三地全球同步运营。深圳是产业化总部，美国的特拉华实验室重点研发下一代碳纳米管纤维材料技术，日本东京的实验室重点致力于生产设备和工艺的提升。

邓飞很快就发现，读书和做科研的生活是按部就班，而创业的过程，就好比升级打怪，每个发展阶段，都会遇到不同的挑战。比如，面对美国和日本对我国的技术封锁和禁运，邓飞组织科研人员自主研发设计出自动化生产系统和核心检测设备，这为碳纳米管纤维的规模量产打下了基础。在龙岗区大运软件小镇，烯湾科技建立了约 6000 平方米的生产基地，第二代百吨级全自动高性能碳纳米管生产设备在这里已经安装调试完毕，2019年已经形成碳纳米管批量供货能力。

又如，烯湾科技为了迅速推出市场所需要的新品，在新冠肺炎疫情期间，顶着资金压力不断地迭代研发，2020 年 3 月推出最新研究成果——碳纳米管超黑涂料。这种超黑涂料添加了烯湾科技自主研发的超高纯度碳纳米管。第三方测试数据显示，烯湾碳纳米管超黑涂料的反射率仅为 1.21%，是目前全球工业化生产的最黑涂料。烯湾超黑涂料的特殊性能，使其拥有广泛的应用领域，包括太空卫星、天文望远镜、液晶显示器、高端手机摄像头等制造领域，还有涂料、打印、艺术创作等传统领域。邓飞自豪地说："碳纳米管超黑涂料从国防军用到民生领域都可以应用到，市场潜力巨大。"

如今，烯湾科技所生产的超级阵列碳纳米管、碳纳米管薄膜、碳纳米管纤维及其复合材料三大系列产品性能均达到业内领先水平。截至 2020 年11 月底，烯湾科技已获得和申请的国内外核心发明专利已有 120 余项。

| 用新材料服务新能源产业

烯湾科技面临着新材料企业共有的难题，那就是要回答"产品卖给谁"这个问题。由于是全新的材料产品，目前市场对新一代碳纳米管纤维材料的认知并不充分，如何让顾客认识和接受这种新型材料，是邓飞面临的一个新挑战。

2019 年，邓飞和章胜华达成了共识，计划分阶段推出新产品，不断为企业造血。市场策略前期是广撒网，然后再聚焦；用新材料服务新能源产业，找到新一代碳纳米管纤维材料最新的应用场景。

基于这个策略，储氢罐项目被邓飞列入研发的日程。《国家创新驱动发展战略纲要》《中国制造 2025》《汽车产业中长期发展规划》均明确提到：大力发展氢燃料电池汽车。中国氢燃料电池车保有量到 2030 年将达 100 万辆。邓飞介绍："氢燃料电池车里有一个核心部件，就是储氢罐，现在使用的三型储氢罐储存氢气密度较低，我们现在用新一代碳纳米管纤维材料研制四型储氢罐，不仅重量更轻，而且韧性更好，储气更多。"

章胜华打趣道："邓飞一直希望烯湾科技研制的碳纳米管纤维材料能做大飞机翅膀和航天器的部件，但这类产品的认证周期很长，因此需要根据企业发展周期，让有些产品快速进入市场。他终于转变了观念，接受了企业处于过渡阶段的打法，也就是服务民用领域，包括新能源领域的储氢罐，也成为他的用武之地。"

现阶段，烯湾科技与国内外知名科研院所、工业巨头，在航空航天、卫星光学涂料、汽车和高铁等高端装备轻量化、高强度压力储存容器（储氢罐）、风能发电叶片、先进电子封装 / 屏蔽 / 散热材料、新能源锂电池正 / 负极导电材料、增强和功能改性材料（塑料 / 橡胶 / 金属 / 陶瓷）等多个领域展开全面合作。

2019 年 11 月 30 日，在第三届国际复合材料产业创新成果技术展览会上，烯湾科技带了一系列高端碳纳米管复合新材料参展，包括不同规格的碳纳米管纤维、薄膜、粉体等产品，此外还包含了全球首张大尺寸碳纳米管纤维编织布和全球首个由碳纳米管复合材料制成的 F1 方程式赛车零

烯湾科城（广州）产业基地项目开工仪式

部件。

　　为了满足未来国内外市场对碳纳米管纤维材料的巨大需求，烯湾科技提前布局，烯湾科城（广州）产业基地于 2020 年 10 月正式开工。烯湾科城（广州）新材料有限公司由烯湾科技和科学城集团共同投资，项目用地面积约 3.2 万平方米，建筑总面积约 6.3 万平方米，投资规模超 15 亿元，产值超 50 亿元，预计 2021 年竣工。

　　在工地现场，伴随着打桩机隆隆的轰鸣声，第一根桩柱被牢牢地打入地基，烯湾科技（广州）产业基地项目正式宣告开工。这也标志着烯湾科技在产业化的道路上，翻开了新的篇章。在开工仪式上，邓飞致辞："烯湾科城将发挥烯湾在碳纳米材料领域的技术创新和研发能力，实现中国高端纤维及复合材料的国产化。同时，紧随国家发展新材料、氢能源等重大战略，快速推进先进碳纳米材料产业集群建设，实现高新科技成果转化，成为粤港澳大湾区新材料领域的尖端力量。"

这是邓飞一腔热血铸就的"终极纤维材料"产业化之路，即使沿途有无数的艰难险阻，也无法阻挡他前进的步伐，梦想和使命驱使着他不停地奔跑、奔跑……

———

"创业是一个系统工程，需要有一支组织严密、协作高效的团队。"

张帆，深圳市北斗智能科技有限公司董事长、CEO，深圳北斗应用技术研究院有限公司董事长，中国科学院深圳先进技术研究院研究员，博士生导师。

深圳市北斗智能科技有限公司荣获 2020 年第十二届中国深圳创新创业大赛互联网和移动互联网行业决赛企业组一等奖。

张帆：

深耕大数据，服务智慧交通

2020 年 10 月 21 日，第十二届深创赛行业决赛结果揭晓，深圳市北斗智能科技有限公司（简称"北斗智能"）研发的"天枢轨道交通智慧安全立体防控平台"项目勇夺互联网和移动互联网行业决赛企业组一等奖。张帆介绍："该平台在公共交通安防领域排名第一，项目团队利用大数据技术有效地实现了城市轨道交通的安全管理。"

张帆是海归博士，回国后他选择从衣食住行的"行"入手，深入挖掘交通行业的大数据价值，通过数据服务政府行业管理、企业精细运营及公众出行服务。6 年来，张帆在创业道路上乘风破浪，带领企业快速发展。

｜"天枢"助力"科技强警"

过去，公安系统只能依赖视频监控与对讲机等传统手段来实施对公共交通的治安管理。现在，大数据和人工智能技术的迅猛发展，为公安系统提供了"向科技要警力"的极佳机会，天枢平台就是北斗智能针对"科技强警"研制的一款安防领域的拳头产品。

"天枢平台可以通过大数据和人工智能技术，将地铁、公交车、出租车等公共交通场景中的多维数据进行分析处理，对危险人员、物品进行人工智能分析，从而达到大客流实时预警、辅助警力调配、提高安防效果。"张帆介绍道。

团队目前打造了帮助地铁公安抓逃效率提升 6 倍的"天枢"，使物流企业运输成本节省 12% 的"天马"，使公交集团管理成本降低 10% 的"天运"和让机场保障资源利用率提高 30% 的"天玑"。

其中，天枢轨道交通智慧安全立体防控平台正式上线运营，在 10 多个城市试点应用，创造了良好的社会效益。2019 年，平台辅助 2500 余名民警提升工作处置效率，保障每日 1500 万人次地铁安全出行。

在天枢平台的背后，有一支由海归博士张帆领军、研发实力强大的科研团队，他们把时空大数据技术推向了市场应用，有效地解决了安全出行问题。

｜深圳先进院提供了创业的平台

2009 年，张帆到美国新墨西哥大学和内布拉斯加大学林肯分校做博士后研究工作，由于在海量数据处理及移动计算方向表现优异，美国的导师在了解张帆想回国从事云计算方向的工作后，将其介绍给长期合作的中国科学院深圳先进技术研究院（简称"深圳先进院"）须成忠教授，推荐其参与须教授在深圳搭建"先进云"的项目。

张帆回忆道："我于 2011 年 8 月 11 日回国，17 日面试，深圳先进院樊建平院长在了解了我的基本情况及研究发展方向后，当天就签字同意录用，25 日正式上班。深圳先进院给我印象最深刻的地方就是高效率，这种高效率让我实实在在感受到了深圳速度。"

张帆带着饱满的热情加入深圳先进院后，在须成忠教授的带领下负责

2020 年 10 月，深创赛颁奖现场

钻研基于云平台的大数据应用。在组建了 5 人团队后，接手深圳市交委的攻坚项目，用短短 3 个月的时间，深入研究大数据技术，开发出基于云平台的大数据应用系统，在高交会上实现了先进云应用场景的展示。2012 年年底，大数据应用技术上实现了新的突破。在此之前，深圳市交委统计查询半年的出租车数据需要一天时间，经过他们的算法优化改进后，一分钟之内即可查询一年的数据，该技术得到了深圳市交委的高度认可。

2012 年 12 月 27 日，北斗卫星从军用转为民用。当年 5 月，孙家栋院士、沈荣骏院士、范本尧院士和时任国家北斗办副主任、总工程师蔡兰波先生等多位专家受邀参加深圳先进院北斗时空服务平台的方案研讨会，对深圳先进院研究成果给予了充分认可与肯定。同时在会上提出了建设面向北斗应用技术的专业科研机构的设想。为了更好地利用北斗位置信息数据，在2013年，深圳先进院牵头成立了北斗导航卫星应用技术联盟，并任理事长单位。同年的高交会上，"深圳北斗应用技术研究院"（简称"北斗院"）正式揭牌成立，北斗时空服务平台也正式对外发布。这个平台发挥了超算中心深圳节点的硬件优势，与企业联合推进北斗卫星导航民用市场开发，促进卫星导航、云计算、移动互联网等产业的升级转型和产业融合。经过近一年的发展，北斗院基于北斗时空服务平台做出的一系列面向交通管理及服务的科研和应用成果获得了交通管理机构、交通企业以及公众的普遍好评。2014年9月，深圳北斗应用技术研究院有限公司正式注册成为以独立法人运营的新型研发机构，张帆被任命为首任院长。

"我认为自己最大的优点就是不怕困难，比如我以前专业是学通信技术的，这与时空大数据研究专业存在差异，但我从基础学起，克服专业差异，带领团队做到了现在的成绩。这个不怕困难的特点，产业化工作同样需要。一项新技术与行业的结合，有许多具体问题需要迎难而上、逐一解决，我们团队解决企业实际问题的能力很强，得到很多合作企业的高度肯定。"张帆如此自我评价。他对科研工作与产业化的差异之处也有独到的看法，"最大差异在于，产业化关注的是用户需求是否得到满足，而科研做的更多是技术本身的攻关。以数据统计为例，客户在当天能够查询到前一天的统计结果即可，集群可以在凌晨闲时完成计算，这就是一个产业化的目标，而需要在30秒内得出结果就是一个科研目标。如果要达到30秒以内，必须在计算方法上有巨大突破、在成本上也会有很大增加，这对产业化来说没有必要，因为产业化必须考虑成本。"

基于这样的理念，张帆领导北斗院开展产业化工作时，非常务实且讲求循序渐进，使得企业发展渐入佳境。从2014年到2017年，北斗院作为新型研发机构取得了长足的进步，人员从不到 10 人发展到 50 人以上，形成了面向大数据技术开发和面向智慧交通、智慧城市应用研究的得力团队。北斗院目前协助深圳市交通运输委员会对全市近 40,000 辆公交车与出租车、约 30,000,000 张深圳通卡以及两客一危车辆等海量多元交通大数据进行常态化的备份存储及分析挖掘，其数据挖掘成果应用于出租、公交、长途客运等行业管理中，实现了政府细分行业的精细化监管，在深圳市乃至广东省交通行业内也取得了一定影响力，并在 2017 年获评"国家高新技术企业和广东省新型研发机构"。

| 企业转型焕发勃勃生机

出身于中科院的基因，让北斗院在技术上敢于攻坚克难，而技术上的优势也在前期为北斗院赢得了良好的口碑。然而随着市场化程度不断加深，北斗院在资金和市场能力上的瓶颈也逐渐凸显。有交通部门的领导到北斗院视察时，半开玩笑地说："北斗院什么都会做，就是不会做生意。"可做生意谈何容易？为此，张帆为北斗院制订了面向市场转型的目标：要成为产品化公司，从满足客户提出的需求，发展为发现客户需求，进而发展为创造市场需求。

这个转型过程十分痛苦。培养自己的产品团队，寻找合适的市场负责人，都几经波折。北斗院 2017 年与海航集团合作开展智慧机场产品研发，投入巨大，却遭遇海航集团资金链断裂，蒙受了巨大损失。张帆认识到，企业需要有更加符合市场化需求的架构、制度、文化和体系，而要想快速发展同时又想具备更强的抵御风险能力，就需要引入外部资本。为满足发展需要，2017 年年底，在深圳先进院的支持和帮助下，北斗院进行了探索式的混改，成立了专注于产品与市场推广，同时也作为吸引外部资本的融资主体的深圳市北斗智能科技有限公司（简称"北斗智能"），迈出了进一步走向市场的步伐，张帆出任北斗智能董事长兼CEO。

张帆说："我们过去是典型的项目型企业，受政府部门预算的限制，业务很难扩展，于是我们决定向产品化公司转型，这样研发的产品能够复制到全国。通过在研发上加大投入，相继推出了'天枢''天玑'等系列产品，产品形成了标准化、模块化的规范，逐步夯实大交通智能决策引擎技术能力。随着公司不断发展，我们市场拓展能力逐步提升，今年划分了华北区、华东区、华南区、中西部等区域，为实现全国覆盖布局。明年，我们要在产品交付上修炼内功，让市场销售、运维人员和交付团队三组人马实现链条式的协同发展，提高企业的运营效益。我们相信数据将驱动未来城市交通变革，也将改变大家现有的交通出行模式，我们会持续专注于交通大数据的应用研究，真正实现安全、舒适、快捷、绿色的交通出行，在这个过程中北斗智能大有可为。"

从公交到地铁，从行业监管到商业应用，北斗智能已用交通大数据成功掘取了第一桶金。在深入打磨行业产品、拓展市场的同时，张帆未雨绸缪，为企业确定了战略方向，聚焦以大数据为核心，融合人工智能、物联网、地图引擎等先进技术，自主研发具有实时监控、预测预警、调度管理、指挥协同功能的中枢管理平台。依托世界领先的时空大数据领域深层次优化算法和复杂决策模型的求解能力，从枢纽场站等"点"出发，汇集于"线"，交织编"网"，覆盖成"面"，致力于为交通行业及企业在海量数据环境下的复杂问题提供解决方案，为客户带来安全、效率、体验端的蜕变，成为大交通领域的智能决策引擎。

为了保障公交企业营运安全，北斗智能建成了一套企业安全管理平台，打造了公交行业的风控引擎，形成动态安全监管体系，对公交安全运行全方位、无死角的管理，力争大幅提升企业的安全管理效率，减少交通事故的发生。平台依托大数据、智能算法、规则引擎、融合通信等技术手段，基于安全管理标准体系，针对公共交通运输企业安全管理痛点，落实企业安全管理职责，集成事故管理、双重预防机制、应急管理、基础管理、评价反馈六大业务板块，精细化管理"人、车、路、场"四大元素，形成防范、指挥、评价的安全管理闭环，有效降低事故发生率，实现企业安全管理信息化、科学化、智能化。

深圳某公交公司作为深圳最大的公交运输企业，采用了安全管理平台，自2018年12月系统上线以来，事故宗数较以往减少35%，事故处置及时率达到100%，隐患整改完成率达到100%，大大提升了安全管理的效率，降低了企业安全风险，减少了企业损失。

北斗智能成立后，发展迅猛，目前已有员工160人，吸引了多位上市公司高管加盟，围绕成为行业领先企业的目标制订了完整的市场、产品、技术、财务发展规划，也获得了红杉资本、英诺等多家机构的投资。

最后，张帆总结道："海归博士创业都有科研情结，我更多看重创业的价值和意义、技术的先进性等内容。因此，我们选择从交通行业入手，目前交通行业供需发展不平衡，远不能满足人们安全、高效的出行需求。我们希望利用自己学习的新技术赋能交通行业，通过科技手段智能化升级高级传统行业，解决当前所面临的问题，担负起知识分子所应承担的社会责任和义务。"

———

"创业是一场全方位的修炼，创业者要有虚怀若谷、海纳百川的精神，只有这样才能不断地学习、吸纳人才，推动企业不断前进。"

高志博，香港中文大学医学科学博士，中国肿瘤基因组协作组核心成员，国际肿瘤基因组协作组成员，深圳裕策生物科技有限公司创始人。

深圳裕策生物科技有限公司荣获 2018 年第十届中国深圳创新创业大赛生物医药行业决赛企业组三等奖。

高志博:

让肿瘤免疫诊疗惠及更多患者

2020 年 9 月, 深圳裕策生物科技有限公司(简称"裕策生物")完成了由元知科技医疗领投、普华资本追投的近 3 亿元人民币 C 轮融资。本轮融资所得主要用于扩大市场覆盖, 建立市场化的肿瘤免疫药企临床研究服务平台。此前, IDG 资本、蓝色彩虹、贝壳社等知名投资机构均重金投资了裕策生物。

裕策生物的掌门人是"80 后"创业者高志博, 他拥有香港中文大学医学科学博士学位, 有在华大基因工作 7 年的从业经验。在完成裕策生物 C 轮融资后, 他并不觉得轻松: "创业是一条没有尽头的路, 而在医学领域的跋涉更是艰难无比。我内心最想做的事情还是希望能够改善患者的生存状态, 我们能用自己对生物信息和对肿瘤基因组的了解去解决患者需要改善的问题。我们的梦想是把肿瘤变成慢性病, 要建设一个没有肿瘤威胁的未来世界。我希望做一家能够创造价值的公司。"

| 选择创业是为了给临床带来价值

高志博的求学经历也颇为传奇: 他毕业于华中科技大学, 在中国科学院北京基因组研究所攻读硕士学位, 1 年后辍学, 后来在华大基因实习, 之后到香港中文大学攻读医学科学系博士学位。在香港深造的 4 年期间，他也承担了华大基因多项科研课题。

博士毕业后，高志博顺理成章就职于华大基因，担任肿瘤生物信息团队负责人，团队专注于做肿瘤基因组研究项目，包括与国内众多的肿瘤基因组研究专家、教授、学者一起合作，也获得与国际上的 ICGC（国际肿瘤基因组协作组）组织进行学术交流的机会。

2014 年，高志博团队在国际顶级学术杂志，包括《自然》《科学》主刊及相关子刊上陆续发表了十几篇肿瘤基因组相关的研究成果。然而，就在 2014 年，华大基因内部做了一个重大的架构调整，原有团队被分拆，导致无法持续地产出成果。但那个"没有肿瘤威胁未来世界"的理想还在高志博内心深处，2015 年年初，高志博决定离开华大基因。

这时，不到 30 岁的高志博站在了人生的十字路口。当时，华中科技大学生科院有位生物信息技术专业的教授力邀他回去，很多人读完博士都走上了研究和教学的道路，尤其是学生物学专业的。再说，他之前也发表过重磅级论文。

然而，面对这样的机会，高志博也曾自问：回去教书对自己而言是不是最好的选择？他脑海里浮现出中国工程院詹启敏院士曾经向他提出的问题："我们的研究成果如何推动国内精准医疗的发展？究竟能为临床工作带来怎样的具体价值？"面对詹启敏院士的追问，他无法给出答案。

"选择创业其实是在坚持自己内心的梦想，同时也想挑战一下自己适不适合创业。"高志博说，"创业和做研究是不一样的。因为我们做了很多年研究，继续做研究会是我非常熟悉的路径，要么就是做产业，这是两条路径。选择做研究更容易一些，选择创业更具挑战，因为 90% 的创业都是失败的。"

"我希望将我们之前的研发成果转化应用，能够改善病人的生存状态，给临床带来真实的价值。这是我内心最想做的事情。"高志博听从了内心的声音，毅然决然地走上创业这条道路。

| 瞄准新生抗原启动研发

2015 年 6 月，裕策生物在深圳市龙岗区注册成立，当时只有 5 名员工，高志博一边搭建软件流程平台，一边跑业务。"2016 年年初，我们获得了深圳市科创委的创业资助 100 万元，这笔资金对我们而言简直是雪中送炭，我们用这笔钱搭建了软件平台。"高志博回忆道。

具体的研发方向是什么呢？裕策生物经过半年多的摸索，最后锁定肿瘤免疫诊疗这个方向，并且对新生抗原技术做了重点布局。

高志博解释说："肿瘤治疗方法主要包括放化疗、靶向治疗、免疫治疗和手术。靶向治疗主要是指药物可以特异性地作用于肿瘤细胞的某些特定位点，就像导弹打靶一样，精准地找到肿瘤细胞，将它进行杀灭；而免疫药物的作用是重新激活人体免疫监视，依靠自身免疫机能杀灭癌细胞和肿瘤组织。"

"当我们从基因切入到治疗方式时，我们其实面临不同的路径，或者说技术难点。比方说，靶向的检测，检测本身就是肿瘤的驱动基因或者是药靶基因。从基因的领域切入到免疫领域，免疫的通路很重要，但更重要的是另外一个因素——肿瘤基因层面的变化如何引发免疫反应。从基本的原理上来讲，新生抗原是连接基因和免疫的关键桥梁。"

所以，高志博认为，打通从基因到免疫的路径，其中关键的节点之一是新生抗原的检测。2015 年，裕策生物开始接触新生抗原时，就把研发方向定到了新生抗原检测上，从此奠定了其在新生抗原领域的基础。到目前为止，无论是在国际上的表现，还是在国内供应市场上的近似于垄断的地位，裕策生物都得益于当时解决了这个技术难点。

｜ 幸运获得第一笔天使投资

2016 年，裕策生物获得贝壳社近千万元的天使轮投资，贝壳社创始合伙人王学刚也是裕策生物的第一位投资人。高志博说："王学刚曾经是华大医学的 CEO，我们之前就认识，当他知道我创业后，就投了近千万元，尽管我们的创业团队才成立两个月。这笔投资对我们早期发展至关重要。本着对投资人负责的初心，我调整了裕策生物的研发方向，把所有的资源都聚焦在肿瘤免疫技术研发上。"

对于创业初期的裕策生物，高志博做出这个决定其实面临着很大的风险。因为之前裕策生物的主要业务收入来源是科研服务，对药企、科研机构等提供基因检测分析方面的服务。一旦斩掉这块业务，意味着一年将减少几百万元的稳定收入。

聚焦肿瘤免疫方向的最大优势，就是为企业储备更丰厚的科研优势。2017 年 2 月，裕策生物通过数轮考核正式加入了 TESLA（国际肿瘤新生抗原筛查联盟），为首家加入该联盟的中国公司。TESLA 汇聚了欧美著名高校、药企、生物技术公司，是研究和确立新生抗原检测标准的国际组织。高志博介绍，加入 TESLA，可以让裕策生物的研究处于国际最前沿的位置，也可以与国际同行频繁交流学习，依托国际间的协作创新，共同参与制订新生抗原预测和验证标准。比如，2020 年 10 月，帕克癌症免疫治疗研究所（PICI）和癌症研究所（CRI）联合裕策生物等 36 个机构共同揭示了个性化免疫疗法的关键，相关研究成果发表在国际著名学术杂志《细胞》上。这无疑将催生新一代更有效、更个性化的癌症免疫疗法，也代表着基于新生抗原的个体化免疫疗法新时代已经到来。

| 发起"中国抗癌·天梯计划"

自 2015 年中国精准医学计划提出以来，精准医疗已被纳入"十三五"重大科技专项，成为医药大健康产业发展的驱动引擎，为医学发展带来一场革命性的变化。作为精准医学计划的重要组成部分，中国的肿瘤基因检测技术、肿瘤免疫治疗技术，在科学研究、产业应用领域发展突飞猛进。

中国学术界、产业界的各个专家团队开始了使用基因组测序和大数据研究加速最新的癌症免疫疗法技术的探索和积累。来自基因组测序、大数据分析、癌症免疫治疗领域的不同团队，为了相同的目标，或独立研发、或相互合作研发，各自取得了一定的研究成果，但也存在力量分散、标准不统一的问题，特别是该领域需要多学科交叉、多技术综合，早期更需要集中力量、统一标准。

2017 年 3 月，首届"肿瘤基因组与精准免疫治疗"高峰论坛在上海举行。由中国工程院院士、国家精准医疗战略专业组负责人詹启敏牵头，在学术界、产业界专家指导下，裕策生物启动了"中国抗癌·天梯计划"。该计划旨在利用基因检测和大数据分析，调动免疫系统抗击癌症能力，加速癌症治疗研究，实现治愈癌症的"登月"壮举，建设合作、互利、共赢的抗癌"天梯"。

高志博介绍，"中国抗癌·天梯计划"是国内首个专为肿瘤免疫治疗而发起的真实世界研究计划，截至 2021 年 3 月，共积累了近万例涵盖肿瘤基因组、免疫微环境和临床信息的肿瘤免疫诊疗数据库，已为裕策生物转化出多个有市场竞争力的服务和产品。

| 多轮融资为企业发展助力

裕策生物拥有国际一流的新生抗原检测和鉴定平台、专业的肿瘤免疫生物信息技术解读数据库、国内最大的肿瘤免疫诊疗真实世界研究数据库，依托国际高标准的研究和生产质量体系以及经验丰富的管理运营团队，为肿瘤患者提供临床可及的用药指导检测产品，为药企提供高质量的诊断生物标志物和治疗靶点开发服务。截至目前，裕策生物已累计申请了 28 项发明专利，软件著作权 24 件，员工 300 多名，硕博员工占比为 21%。

在裕策生物成立短短 5 年里，能获得如此快速的发展，投资机构功不可没。每一轮融资，都有力地助推裕策生物的快速发展。2017 年 10 月，裕策生物获得普华资本、蓝色彩虹近 3000 万元 A 轮融资，这让裕策生物有能力建立自己的独立医学检验实验室，更好地落地"中国抗癌·天梯计划"，也使得提供面向临床端的检测服务成为可能。2017 年 12 月，裕策生物在深圳大鹏建立了占地 1500 平方米的裕康医学检验实验室，该实验室是以临床需求为中心，以肿瘤精准免疫检测为特色、以精准用药为导向的综合检测中心。

2017 年 11 月，裕策生物从龙岗区搬至盐田区。次年春夏之交，裕策生物报名参加了第十届深创赛盐田区预选赛，夺得盐田区生物医药行业企业组一等奖，9 月夺得深创赛生物医药行业决赛企业组三等奖。这两次获奖，给裕策生物带来更多接触投资商的机会。

2018 年 9 月，裕策生物完成近 1 亿元的 B 轮融资，一时风光无两。曾

"2019 未来医疗 100 强" 颁奖现场

投资过腾讯、百度、携程、迅雷等一系列知名企业的 IDG 资本合伙人杨飞曾如此表示："肿瘤免疫治疗给我们带来了更多可能，不管是抗 PD-(L)-1 药物，还是 CAR-T 治疗，都承载了'治愈癌症'的希望。高志博博士对免疫诊疗领域有着深刻的行业洞察和清晰的认识，我相信在他的带领下，裕策生物将继续巩固中国肿瘤免疫诊疗领域的领导地位，同时在 IDG 的不断支持下，公司将迎来全新的发展。IDG 医疗团队一直关注肿瘤精准医学和肿瘤免疫治疗的发展，投资裕策生物将成为我们布局精准医疗领域最关键的一环。"

这轮融资后，裕策生物在江苏泰州建立了一所 3000 平方米的 GMP（药品生产质量管理规范）厂房，用于生产 IVD（体外诊断）试剂。裕策生物的一系列企业文化，包括"让肿瘤免疫更有效"深入人心的使命、"打造中国肿瘤免疫诊疗第一品牌"的愿景及"严谨、创新、挑战"的价值观，都是在这个时期建立起来的。也是在这个时期，公司确立的肿瘤免疫"诊断 + 治疗"的发展模式为市场所认可，持续获得资本的青睐。

2020 年 9 月，裕策生物完成近 3 亿元 C 轮战略融资，由元知科技医疗领投，普华资本追加跟投。这一轮融资所得主要用于扩大市场覆盖面，建立市场化的肿瘤免疫药企临床研究服务平台。

| 以"让肿瘤免疫更有效"为己任

肿瘤是威胁人类健康的"头号杀手"。过去，人们"谈癌色变"，传统的治疗方法很难彻底治愈肿瘤，而肿瘤免疫治疗由于具有副作用小、疗效好等优点，是目前肿瘤治疗研究的热点。截至 2019 年 8 月，全球共有 5166 项免疫治疗相关的临床试验正在进行。主要包括以 PD-(L)-1 为代表的免疫检查点抑制剂（ICIs），以 CAR-T、TCR-T 为代表的过继性细胞疗法，以及个性化肿瘤疫苗三个方面。然而在现实的临床治疗实践中，肿瘤免疫治疗还存在着巨大的未满足需求。

高志博说："PD-(L)-1 单药治疗的平均缓解率不到 30%，数以千计的 PD-(L)-1 联合治疗研究如何合理设计，以及如何寻找高质量的疫苗靶点等，都成为亟待解决的临床和研究问题。"裕策生物一直以"让肿瘤免疫更有效"为己任，以坚持不懈的精神深耕肿瘤免疫领域，不断精进技术和产品，成为行业的佼佼者。

在服务药企这块业务上，裕策生物聚焦药企临床试验过程中的诊断和靶点开发需求，围绕肿瘤基因组和免疫微环境，建立了涵盖 NGS（二代测序）、细胞、病理等全面的肿瘤免疫研究技术平台，为药企提供完整的诊断生物标志物解决方案和工业级的新生抗原治疗靶点开发服务。

高志博透露："仅有诊断，没有治疗，并不符合我们企业的愿景。裕策生物旗下有一家全资子公司裕泰抗原科技有限公司，这家公司与 20 多家生物技术公司合作，这些生物技术公司做细胞与个性化疫苗，其中多项进入临床阶段、1 项共同 IND（指尚未经过上市审批，正在进行各阶段临床试验的新药）申报合作、1 项共有新生抗原靶点共同开发合作。我们自己投资了康德赛、郎谷生物等，目的就是共同推进行业发展，加速个体化治疗时代的来临。"

"我们的梦想是把肿瘤变成慢性病，要建设一个没有肿瘤威胁的未来世界。虽然，从诊断到治疗有漫长的路要走，但是裕策生物必须在肿瘤免疫技术方面做到极致，前期的技术积累和产品布局异常艰难，但今天回头来看，这一切的努力非常有意义，因为我们离梦想又更近了一步。"5 年的创业历程让高志博变得更沉稳，即使在诉说企业发展非常艰难的时刻，他的语气也是超乎寻常的平静。

海归创业需要跨越"三道坎"

海归人才创业有较为突出的优势，主要体现在眼界开阔、技术领先，但也有一些短板需要弥补，总体来说，海归创造者需要跨越"三道坎"：

一是评估自己是否适合创业。晶泰科技创始人、董事长温书豪发自肺腑地说："回国之后海归要做的第一件事，要看看自己是否适合创业，理性地分析自己是否具有很强的抗压能力，是否能对行业的发展有准确的超前预判，是否能组织一支团队围绕一个目标孜孜以求地奋斗，是否能面对各种困难都绝不退缩。"温书豪建议，不适合创业的海归们，可以选择加入创业公司成为其中一员。

二是需要组织一支协作高效的团队。深圳市北斗智能科技有限公司董事长张帆说："一个人包打天下的时代早已经过去，创业是一个系统工程，需要有一支组织严密、协作高效的团队。海归创业者大多是科研人员，他们需要找到优秀的市场人员搭档，技术必须和市场配合才能产生实用价值。有的海归刚回国可能水土不服，在创业道路上来自团队成员的协作配合显得格外重要。"

深圳烯湾科技有限公司创始人邓飞与章胜华是业内有名的黄金搭档。只有一起面对困难和挑战的时候，才能发现搭档更多的长处和智慧。当他们一起面对了疫情对企业的冲击之后，邓飞发现对章胜华的信任更坚定了，他由衷地说："海归创业需要好的搭档，因为他可以帮你弥补短板，或者说帮助你看见以前不曾看见的地方。他非常接地气，有丰富的创业经验，明白一项技术成果如何从'0—1'走到'1—N'阶段。一句话总结就是，没有完美的个人，只有完美的团队。"

三是海归创业必须从市场需求出发。海归创业者一般是技术型创业者，然而，新技术、新物种开拓市场很艰难，因为需要时间培育市场，要等待客户对采购流程进行重构。那么，做新鲜的东西一定要非常实在，非常接地气。张帆表示，科研需要研发 5 年甚至 10 年后的新技术，否则是难有学术和理论价值的，但创业是非常现实的，必须考虑当下能否产生实际落地的应用，能否满足客户的直接需求？能否在较短的时间找到相对廉价而不是最好的解决方案？能否实现可交付的工程能力及运维能力？如何找到合适的商业模式及市场切入点？这些问题对于科研人员来讲都是挑战，需要改换思维，应该多从市场真正需要什么的角度来考虑创业的方向。

"海归学成回国，可能会拥有较为超前的专业技能和国际化视野，但千万不要觉得自己的技术是最牛的，在创业过程中一遇到困难就有怀才不遇之感，或者怨天尤人，那是最不可取的。"裕策生物创始人兼CEO高志博说，"在创业过程中，技术并不是最重要的因素，技术只是成功要素之一，团队建设、市场拓展能力、管理能力等多个方面的因素决定创业的成败，面对市场的时候要有耐心，需要反复沟通和交流，不断地迭代改进，做出真正满足市场需求的好产品。"

第四章

百折不挠终无悔

人的一生就是进行尝试，尝试
得越多，生活就越美好。

———爱默生

刘吉平，曾代理过美国公司的芯片，也代理过国产芯片，可他并不满足于做代理，于是创办了深圳市航顺芯片技术研发有限公司，组织团队研发出 MCU 和存储器芯片，获得"新中国成立 70 周年·深圳青年创业榜样"的荣誉。

　　代毅，曾经做过一段时间弱电系统化工程项目，后来创办了深圳市博铭维智能科技有限公司，专门研制生产特种机器人，成为行业内的佼佼者。

　　黄嘉曦，曾在美国创立 mophie，因研发出世界第一款获得苹果官方认证的背夹式手机充电电池保护套而大获成功，2015 年创立深圳易马达科技有限公司，推出全球首创集超级电池、智能换电柜、能源管理系统、APP及大数据平台为一体的绿色智慧能源网络平台。

　　姜颖，做过老师，当过销售，还曾三次创业，2015 年创办的深圳力维信息技术有限公司，研发出基于深度学习的动态人脸识别追踪系统，发展成为人工智能领域的一匹"黑马"。

　　谢兮煜，曾在华为工作 8 年，也曾经历过创业失败的痛苦，如今，他创办的深圳腾视科技有限公司用人工智能守护生命安全，获得"全球创业世界杯 TOP 10"、2020 年中国汽车主动安全"金盾"奖等荣誉。

　　创业对他们来说是常事，即使创业失败，也毫不畏惧，大不了从头再来。他们的人生经历虽然不尽相同，却都有着共同的精神品质，那就是：百折不挠。

———

"有家国情怀担当和战略格局，才是真正的企业

家。"

刘吉平，深圳市航顺芯片技术研发有限公司创始人、首席战略家。
-
深圳市航顺芯片技术研发有限公司荣获 2018 年第十届中国深圳创新创业大赛总决赛企业组二
等奖、先进制造行业决赛企业组二等奖。

刘吉平：

惟愿用"芯"报效祖国

　　2020 年春天注定是不寻常的。突如其来的新冠肺炎疫情最初从武汉暴发，而后蔓延至整个中国。在这一场全民战"疫"中，深圳市航顺芯片技术研发有限公司（简称"航顺芯片"）创始人刘吉平沉着"应战"，指挥团队在假期坚持网上办公，为市面上急需的耳温枪、额温枪、电子温度计、血氧仪等医疗产品提供自主研发的 MCU（微控制单元，在单个芯片上集成计算机的各个部件）和存储器芯片。

　　刘吉平在国内半导体行业是个传奇人物。他从江西万载县一个小乡村走出来，经历了两次创业、四次转型，笑称自己是"逆袭专业户"。

｜学业上的逆袭

　　在江西万载县的一个偏僻乡村，有一个临街的小杂货铺，店主是一对只有小学文化的夫妻。他们靠做点儿小生意养活三个儿女。刘吉平在这三兄妹中排行老大。读小学时，由于太顽皮，刘吉平的学习成绩很不理想，还曾排名全校倒数第一。

　　令刘吉平感恩的是，在初中时遇到了平生第一位恩师——刘南平。刘老师并不介意刘吉平成绩不好，反而让他当班长和学生会主席。刘吉平说：

"刘老师对我反常地好，有时会让人觉得他就像个大傻帽。可这使我常在深夜里反省，其实不是我真的好，而是我敬爱他，不敢再荒废学习，不敢辜负他，不敢令他失望。我在学习上变得主动自觉了。可是上初二要重新分班，我没有分到刘南平老师所带的班级，心里特别难过。没想到的是，刘南平老师用自己班上成绩最好的学生换回了我。我很珍惜这个机会，于是拼命地学习，要求进步，一定要争口气，才对得起刘老师对我的信任和关怀。"

初三毕业，刘吉平的中考成绩排名全校前三，他第一次品尝到人生道路上成功逆袭的甜蜜滋味。

刘吉平自幼就懂得生活的不易，所以放弃读重点高中的机会，选择去读师范专科学校，这样就可以拿到中专文凭早点儿参加工作。

| 事业上的贵人

2001年，刘吉平从江西省对外经济贸易学校（2003年更名为"江西外语外贸职业学院"）毕业后，当了4个月实习老师，每个月工资几百元，于是他决定去上海闯荡事业。

由于有财务和计算机教育背景，刘吉平应聘到美国微芯公司财务部做助理，但很快就被调往销售部做销售员。"我一边做销售，一边学习芯片微处理器方面的专业技术。当时我的销售业绩很不错。两年后，我跳槽到合泰半导体公司做销售，推广MCU芯片。这两份工作锻炼了我的销售能力和技术支持能力。"

刘吉平在外资企业打工的时候，由于为人谦和，做事勤勉，人脉特别广，这为他日后创业打下了基础。

2004 年，他负责推广复旦微电子公司的非挥发存储器。第一次销售国产芯片，他发现与销售洋品牌芯片的境遇有天壤之别。"各类厂家都不愿意用国产芯片，哪怕恳求他们测试一下都不乐意。当时复旦微电子公司还是一家很小的企业。领导给了我一个名单，说那些都是他们尝试推销过的单位，全部被拒绝了，看看我能否说服他们。当时领导撂下一句话：今年你只要做成一家客户就算成功了！"刘吉平是一个喜欢动脑筋的销售员，可他没想到，转眼三个月过去了，一个客户也没有拿下来，看来国产芯片真是不好打开销路。

"一天，我坐在办公桌前，手写了一封言辞恳切的信，传真给潜在客户山东的日照立德电子公司采购主管。信的大意是：请您尝试采用我们的国产芯片，这将对我的未来人生带来自信，也会对中国半导体产业产生影响，您顺手一用，就挽救了一个年轻人对国产芯片的信心和职业前途，如果有一天我有幸能成功，您一定会为今天的选择和支持感到无比骄傲，请给我一次机会。"刘吉平回忆道，"很快我就接到日照立德电子公司吴姐打来的电话，说她做采购主管二十多年，从来没有遇到过像我这样真诚的推销员，决定向我采购一万片芯片。我当时真是激动不已，后来这个客户一直跟我做生意，直到今天还是我的重要客户。"

刘吉平说，四年里，他的月薪从 600 元涨到 6000 元，这也算是打工的一次逆袭。

为什么总是能逆袭？刘吉平说是因为真诚和坚持。他真诚地对待身边的每一个人，也遇到很多贵人，曾经的领导和同事给了他很多帮助，后来他创业起步就是给这些半导体企业做代理，用真诚和努力延续着美好的缘分。

航顺芯片创始人刘吉平与研发骨干在一起

｜ 一把零钞和两个基金

2005 年 11 月，刘吉平用 5 万元在上海注册成立上海航顺微电子有限公司，给老东家美国微芯科技公司、合泰半导体公司做芯片代理。

刘吉平创业头三年可谓一帆风顺，公司年销售额从 3000 万元攀升至 13 亿元。2008 年，由于互联网行业兴起，外国品牌芯片代理的利润越来越薄，加上受金融危机影响，客户拖欠货款严重。刘吉平面临创业以来的第一次转型，将业务转为代理国产芯片，同时尝试定制自主芯片，打造航顺HK品牌。

虽然一直在上海努力打拼，但刘吉平内心深处一刻也没有忘记家乡。关于家乡，有一件事令他终生难忘。当时他考上江西省对外经济贸易学校，因为要强，也没办"升学宴"。为了凑足学费，出发前一晚，他父亲还去挨家挨户找亲友借钱。第二天早上6点多，就要出发去省城上学时，他推开门，看见很多乡亲手里拿着五元、十元的零钞，来为他送行，朴实地说："有出息了常回来看看我们！"攥着那一大把零钞，他热泪盈眶。这些零钞他舍不得用，一直保存了十多年。那是乡亲们对他的祝福！

2008年，刘吉平回到家乡，创办了江西书堂小学助学基金会、江西赤兴中学刘吉平助学基金会、江西书堂刘吉平老年基金会。"那个时候，我还没有买房置业，先回到家乡办起助学基金，因为当地老百姓常说'读书无用'，我哪怕是做一个徒有虚名的榜样，也要告诉乡亲们读书是有用的，并且可以帮助更多的人。"刘吉平每年给村里的青少年买文具、发奖学金，为老人送福利，做这些事情让他觉得很开心。"我每年会收到不少大学生给我写来的感谢信，我体会到用自己的努力去帮助这些孩子和老人多么有意义。很开心，到今年已经一个人不间断坚持了12年。"

| 现代版的"蛇吞大象"

然而，刘吉平并不满足于做代理，因为代理业务只是单纯赚钱，不足以成为毕生的事业。组织团队研发出"中国芯"，打破洋品牌牢不可破的局面，这才是他所期待的倾注毕生心血为之奋斗的事业。因此，他进行了第二次转型。2000年，他带领团队开始研发电源芯片和存储芯片。经过两年的打磨，通用料产品终于做好了。为了更好地贴近用户，进一步拓展芯片市场，2013 年，刘吉平来到深圳，注册成立深圳市航顺芯片技术研发有限公司。

刘吉平到深圳的第一站是华强北。"我看到这里有各种外国品牌的电子元器件，却几乎没有中国人研制的自主品牌的芯片。我要在华强北做中国品牌的芯片。航顺芯片就这样从华强北起步。"

2009 年至 2014 年，刘吉平在上海买了几套房，在深圳买了豪宅和华强北的写字楼，随着代理业务和中低端芯片创业资金积累，以及房产价格上涨，身家超过亿元。可让人没有想到的是，他决定第三次转型，进军高端芯片的研发，短短几年时间竟然把上亿元的家产全部投入进去。"为了做出好用的 32 位 MCU/SOC（又称片上系统，是一种集成了较完整信息处理系统的半导体芯片）'中国芯'，我倾家荡产也在所不惜。接近 20 年的销售技术支持和学习芯片研发经验，我寻寻觅觅多年，终于遇见一支在中国数一数二的完整研发团队。20 年的铺垫，冥冥中好像就是为了这一天。"

高端芯片研发企业所花的成本少则亿元，多则上百亿元，所耗费的时间少则十年，多则数十年。刘吉平用十多年的积蓄来"砸"芯片，很多认识他的朋友都以为他疯了。然而，他自信对中国 MCU 市场十分熟悉。当时中国企业所占据的主流市场还停留在 8 位低端 MCU，占比 20% 左右；高端32 位 MCU 占比几乎为零。这意味着，国产 MCU 应用领域多集中在低端电子产品，中高端电子产品市场还在外企手里。然而，航顺芯片要在国内高端电子产品市场分到一杯羹，光有资金显然是不够的，还需要建立一流的队伍。

刘吉平是幸运的。2014 年年底，刘吉平听到一个消息，日本富士通在成都的研发基地，有一个芯片研发团队几乎集体离职创业。他激动得一夜没睡，第二天直接飞到成都，向这个实力超强的技术团队发出了邀请，结果被拒绝了。当时有多家上市企业都向这一支从富士通出来的技术团队伸出"橄榄枝"，开出的条件相当诱人。刘吉平没有被激烈的竞争吓退，几个月内一有时间就往成都跑，最终"十顾茅庐"，用低薪、股份、真诚和炙热的事业梦请到了这个研发团队。这就像是现代版的"蛇吞大象"。这次兼并也让刘吉平在国内半导体行业声名鹊起。但很多人并不知道他足足储备了20年，包括市场掌控能力、产品定义能力、管理研发团队能力，以及资金的积累。

高水平的研发团队组织起来，加班加点地研发32位MCU/SOC芯片。刘吉平知道，做芯片是很"烧钱"的，需要不断地融资，因此从2016年开始，他四处拜访投资商，希望凑到充足的资金研发高端MCU芯片。他在深圳、北京、上海见了200多位投资商。但由于项目还处于研发阶段，看不见技术成果，没有一个人愿意投资。

| 从遇冷到受宠

2017年下半年，航顺芯片32位MCU/SOC芯片研发成功后，刘吉平又拜访了100多位投资商，仍然一无所获，原因是虽然有产品了，但没有实现销售，没有利润，投资商对国产芯片的市场还是缺乏信心。

经历了无数次被拒绝后，刘吉平也困惑了，不断地问自己：难道自己认为最珍贵的有家国情怀和社会责任感的企业家梦错了吗？"我深入思考和学习后，认为在这个时代坚持做一名企业家最有意义，企业家一定要有家国情怀和社会责任感，而且要有战略高度。我还年轻，才三十多岁就拥有十几年的创业经历，认定研制芯片的战略是我们国家和未来社会所需要的，也是切实可行的，哪怕跪着我也要勇敢尝试这条自主研发之路。"

航顺芯片应用产品展示

在这样的自我激励下，刘吉平卖掉5套房产，把所有的钱投入研发中，累计投资接近2亿元。2018年初夏，为了维持企业的现金流，刘吉平抵押了最后一套住宅去贷款。妻子每一次在抵押合同上签字、按手印的时候都说"感觉好像把自己卖了一样"。刘吉平感激地说："即使妻子心里很难过，但她知道我的梦想，她始终相信、理解并一如既往地支持我。"

研发团队的不懈努力终于结出了硕果，成功研制出通用32位MCU-M3/M0/M4/M0+等十二大家族200余款产品，并实现了批量生产。但令刘吉平焦虑的是，虽然斥巨资研发出32位MCU，却怎么也敲不开客户的门，因为客户对国产MCU缺乏信心。

转机出现在 2018 年春夏之交。先是美国"封杀"中兴通讯，随后华为事件爆发，采购圈开始传"进口芯片存在风险"。有些外资公司往往优先给本国客户供货，中国客户只能捡剩下的货，而且永远不知道涨价和断货哪一个会先来。国内厂家纷纷开始寻找"备胎"，国产芯片终于等来"备胎上位"的机会。这是刘吉平在芯片领域创业十多年来第一次遇到国产芯片的"春天"。

此后，刘吉平再推销航顺芯片时，很多之前拒绝测试的客户都表示愿意试试看，接着就开始陆续下单。如今，航顺芯片的高端 MCU 芯片已大批量应用在商用水陆两栖飞机、商用卫星等。目前，航顺芯片是国内第一家通过 AEC-Q100 标准测试的 32 位 MCU 芯片原厂。外国品牌的垄断局面终于被打破了。

2018 年，刘吉平喜事连连。金秋时节，航顺芯片参加了第十届中国深圳创新创业大赛，一举夺得总决赛企业组二等奖、先进制造行业决赛企业组二等奖。上百家投资商闻风而动，这下刘吉平反而要精挑细选了。最终，中国航空工业集团为航顺芯片注资数千万元，航顺芯片顺利完成 Pre-A 轮战略投资。

| 未来要去往哪里？

2019 年，中国科学院、深圳市产业基金联手给航顺芯片连续三轮 3 亿元战略领投。刘吉平还先后获得"2018 深圳青年创业之星""新中国成立70 周年·深圳青年创业榜样"等荣誉，通过阿里云链接并获得阿里云技术证书，获得知识产权贯标证书，国家级高新技术企业，共计申请百余项核心专利知识产权，2019 世界半导体大会上，航顺被评为"中国 2018 十大

IC 独角兽"。

这些荣誉在刘吉平看来，都只是前进途中的小小浪花，未来 32 位 MCU/SOC 巨大的市场前景则如一片蔚蓝的大海。"2019 年 MCU/SOC 市场规模有几千亿元人民币，我的预判是未来随着 5G 云和万物互联智慧化的快速推进，第四次工业革命推动基础设施智能化智慧化的快速发展，高端 MCU/SOC 一定会急速增长，尤其是 32 位 MCU/SOC 的市场规模还会爆发式增长。"刘吉平对未来充满信心。

航顺未来要到哪里去？刘吉平定下了未来二十年三大战略：一是用 5 年时间研发通用专用 32 位 MCU，并且孵化 100+ 专用领域战略合作伙伴，帮助战略伙伴定制开发专用 32 位 MCU/SOC；二是用 5~10 年时间尝试成为 5G AIOT 之 MCU+MPU 裂变航顺大生态平台：MCU+ 低能耗 + 安全 + 传感 + 存储 + 无线 +AI+OS+ 核心算法解决方案，做中国不一样的"德州仪器 TI"，发展实现自主设计、测试、封装、制造芯片的宏伟目标；三是孵化赋能航顺内外部有为创业者，成就航顺无边界生态万亿级世界伟大企业梦。

"我当初来深圳真是很明智的选择，在深圳只要你敢想、敢梦、敢干，你就是勇士。"刘吉平喜欢深圳的活力和包容，"这里的政府部门提倡'有事帮企业，没事不打扰'，这对企业发展非常有利，比如我们参加深创赛，不用送一分钱的礼，只要凭着硬本事就可以夺得亚军，市区两级政府部门提供了数千万元扶持资金，还有投资商竞相投资，这里的创业环境从全球范围来看都是最好的。"

刘吉平不是一个只会天马行空、高谈阔论的人，他提倡企业家既要天马行空又要脚踏实地，只有这样的人才能成为战略企业家。他行事风格就如他的微信签名"空谈误事抓实干"。在三个战略的指引下，如今航顺已量产 ARM Cortex-M0/M3/M4/M0+ 世界超低功耗 7nA 等十二大家族 300 余

款通用 / 专用 32 位 MCU/SOC，孵化交付 30 余家定制化领域战略合作伙伴，航顺芯片在汽车电子、医疗电子、工业和消费类电子以及智慧城市智慧家庭等各大场景都实现了应用。

随着 5G 时代万物互联的高速发展，32 位 MCU/SOC 将承载着大脑控制和链接的百万亿市场而高速爆发，航顺芯片将成为潮头上奋勇搏击的勇士，刘吉平憧憬着未来，眼中的光彩熠熠生辉。

"创业者，要有足够的担当，能够有魄力把创业进行到底。"

代毅，深圳市博铭维智能科技有限公司董事长、首席技术执行官，深圳市龙华区优秀青年企业家，2019 年度深圳市青年科技奖得者。

深圳市博铭维智能科技有限公司于 2019 年被评为中国高科技高成长 50 强、深圳高科技高成长 20 强。

代毅：

用机器人捍卫城市地下安全

"发展机器人有三个理由：机器人做我们不想干的事、机器人做我们不好干的事、机器人做我们不能干的事。像月球车、人体胶囊机器人无创治疗等工作，人类无法自主完成。这就是我们发展机器人的特殊理由。"深圳市博铭维智能科技有限公司（简称"博铭维智能科技公司"）创始人代毅说话很风趣，他这样描述自己进入特种机器人行业的初心，"我们做的机器人就是搭建地下管网的'医院'，为城市管理者提供一站式解决方案，包括智慧管网信息化平台系统、管网检测 / 测绘 / 修复专业设备和专业化的管网工程服务团队。"

已经完成三轮融资的深圳市博铭维智能科技有限公司，在 2019 年年底被评为"2019 年中国高科技高成长 50 强""2019 年深圳高科技高成长 20 强"。在短短 5 年里取得如此耀眼的成绩实属不易，可代毅谦逊地说："我们目前还是处于生存期，活下去是企业的第一目标，距离发展期还有很长一段路要走。"

| 回国第一站，接管家族企业

代毅在 8 岁那年随父母来到深圳，在深圳完成了中小学的学业后，考入电子科技大学，本科学习集成电路设计，研究生时期攻读图像算法处理专业，之后又到美国佛罗里达州立大学攻读金融工程方向的硕士。

2012 年，代毅从美国学成回国。他回忆道："毕业后，我在美国华尔街的金融机构谋得了一份待遇不错的工作，可我父母那个时候对我应该留在美国还是回国发展做了深入的分析，结论就是在美国发展很难找到归属感，会有职业的天花板。于是我下定决心回国发展。当时家族有个企业叫深圳市博铭维系统工程有限公司，我回到深圳就担任公司的董事总经理。我父亲在 3 个月内完成公司的交接工作，从那以后我就要独当一面。我很感谢父亲信任我，给了我快速成长的机会，我的决定就是最终决定，我要对自己所有的决定负责。从那一刻起我就明白了创业者的担当是什么，责任是什么。"

深圳市博铭维系统工程有限公司（简称"博铭维系统工程公司"）的主营业务是弱电的系统化工程。代毅很快就熟悉了业务流程，两年内把企业从亏损做到盈利。但在做这块业务的时候，代毅发现工程领域并不适合自己的专长，系统集成业务技术门槛并不高。对学技术出身的代毅来说，从中获得的成就感没那么强，而且，由于是以做项目为主营业务，公司业务其实并不稳定。那么，如何才能把工程类公司转型为产品类公司呢？这个问题久久盘桓在代毅的心头。

于是，他带领团队做了智能门锁系统、变电站图像识别系统、自动化巡检系统等多个智能产品，希望能打造一款拳头产品。2013 年，在与南方电网合作的时候，博铭维系统工程公司研发了一款电缆沟机器人，这是一款检测电缆沟中电缆运行状态的特种机器人，客户很满意。从那个时候开始，代毅萌生了要以特种机器人为目标创业的想法。

| 瞄准心中蓝图启动创业

2014 年 1 月，代毅渐渐从博铭维系统工程公司抽身，开始创业，在深圳市龙华区创办深圳市博铭维智能科技有限公司，担任董事长、首席技术执行官。这次专门瞄准特种机器人进行研发。

"特种机器人主要是面向军用、消防、电力等特殊行业，所以刚开始我们做了很多个方向的尝试，包括消防灭火机器人、警用拆弹机器人、侦察机器人、电力巡检机器人、应急抢险救援机器人。经过近两年的摸索，直到 2015 年，我们发现这样四面出击的做法并不正确，必须聚焦到一个点上才可能有所突破。"博铭维智能科技公司成立以后，第一个实现销售的产品是管道机器人。深圳水务集团采购了管道机器人产品。这个订单带给代毅很大的信心。从 2015 年年底到 2016 年，他将全部精力都投入管道机器人的研发中。

代毅在市场调研中发现，国内管道机器人市场上充斥着不少国外的产品，但普遍不好用，因为"洋品牌"都有一个标准化的应用场景前提，而中国现实情况要复杂得多，原来的标准化管道检测设备是做不了满水或半满水检测的，在淤泥积沙的环境中也无法完成。有的河道环境比较复杂，淤泥较深，需要符合中国国情的新产品才能解决需求的痛点，这是中国市场的魅力所在。代毅决心研制一款质量过硬的管道检测产品，要超越市面上所有的同类产品。

为了完成这一目标，他花费了两年的时间研发，直到 2017 年下半年，博铭维智能科技公司推出国内首款无线高清潜望镜 Peek 2S，可以做到数据无线定向传输、视频高清成像、故障率低等特点，该产品在市场上一炮而红。2016 年，博铭维智能科技公司产值才不到 100 万元，到 2017 年最后一个季度，凭借无线管道潜望镜，公司产值攀升到 1000 多万元。这就是"独门利器"的威力，也让代毅看到了研发的价值。

| 搭建地下管网的"医院"

地下管线是城市运行的生命线，在保障城市安全运行中发挥着至关重要的作用。目前我国城市的管网中，部分管道存在泄漏、裂缝、堵塞及塌陷等故障的风险，而对管道的检测维护方式还依赖传统的人工作业方式。施工人员在狭小的管道中作业，不仅工作效率低，还伴有各种安全隐患，危及人身安全。由此可见，未来城市的地下空间拥有巨大的"保卫空间"。

基于地下管线的这些痛点，博铭维智能科技公司陆续研发推出多款行业首创产品，包括行业首款采用无线通信的管网高清潜望镜 Peek 2S、针对复杂场景应用的全地形管网检测机器人 Gator-S1、适合高水位甚至全满水管网检测的动力声呐检测机器人 Otter-S、融合惯性导航测绘技术的管网机器人，并同时和中国科学院深圳先进技术研究院成立了国内首家管网大数据人工智能联合实验室，率先通过人工智能技术实现管网数据智能分析。

博铭维智能科技公司展厅里有多种形态各异的特种机器人，代毅如数家珍地逐一介绍："针对国内地下环境的复杂场景，比如有的河道淤泥较深，我们 2019 年 6 月研发的全地形管网检测机器人 Gator-S1，是国内首款采用螺旋推进方式的管道检测机器人，在行业内独创适用于高淤积、高水位等多种复杂环境，有效填补行业空白。结合摄像头和存储设备，我们搭建了一个智慧城市管网全生命周期运维一体化平台，包括健康评估、检测在线、管网监测、管网信息、三维重建、缺陷识别、后台管理等功能，这是我们

代毅在 2019 大湾区国际科创峰会上演讲

为全球城市提供的管网全套医疗服务体系。"

他望着窗外整洁的街道，说："城市的地面环境整洁，大家感觉火车站、机场、公园都很漂亮，但是地下环境还有很多亟待解决的问题，博铭维智能科技公司致力于搭建城市地下空间的'医院'，我们的宗旨就是：用机器人捍卫城市地下安全。"

"煎熬"和"节约"的企业文化

在博铭维智能科技公司的一面墙上，醒目地写着"正直、沟通、煎熬、节约、自信"十个大字。这是代毅所提倡的企业文化。

"我们是做制造业的，煎熬和节约就成为我们必须要坚守的信条。"

代毅直言不讳，"我们所说的煎熬，是对产品的耐心打磨和对客户的周到服务要永不疲厌，我们说的节约，除了企业内部要把钱花在刀刃上，也是我们对投资商的尊重。"

博铭维智能科技公司售后部吕小兵每年都要出去巡检，这可不是一个轻松的活儿。因为每天深夜 12 点到清晨 6 点，是工人对市政管网检测的时间段，那么吕小兵做产品维护必须抓紧在凌晨时分完成。如此巡检一趟，至少要花费 5 个月。"他们小半年时间都不能回家，巡检工作的环境也不好，要不是他们心里装着客户，勇于发扬拼搏精神，他们能坚持下来吗？这就是真正的王进喜精神啊！"

在代毅眼里，一款好的产品并不是创意多好，而是要质量绝对过硬，那么反复打磨产品成为博铭维智能科技公司的头等大事。在创业初期，代毅常常与研发部同事在周末开车去到郊区，找池塘、滩涂等场地做产品测试，由于需要模拟下水管道的场景，工作环境总是又脏又臭，一天测试下来，常常是半身泥水。但代毅团队始终保持着这种务实求真的精神，不断地测试、迭代，使产品拥有非常稳定的性能。

在博铭维智能科技公司车间，产品有一点瑕疵就需要推倒重来，如此反反复复几十次、上百次，这个过程很容易让人产生消极情绪，但员工们都很负责，并无抱怨，把产品做到无可挑剔才罢手。代毅说："不是发明了一个新产品令我感动，反倒是员工的忍耐、坚持、煎熬精神让我感动，这是对客户高度负责的具体体现，我们公司就是要把懂得煎熬当作一种文化去弘扬。"

代毅曾给投资商承诺，公司没有赚钱的时候，他不会领工资。于是，从 2014 年公司成立到 2019 年，他没有领过一分钱工资，"节约"已经写入他的骨子里。直到 2019 年公司实现销售额超过 8000 万元，他才开始领象征意义的工资。2020 年，博铭维智能科技公司的销售额超过 1.5 亿元。对代毅来说，一切才刚刚开始。

| 资本市场的 "香饽饽"

2019 年 10 月 30 日，博铭维智能科技公司宣布完成 5000 万元 B 轮融资，由中船投资领投，A 轮投资机构北极光创投跟投。本轮融资完成后，博铭维智能科技公司将完善产品布局，加速进军全球市场，为管网行业带来智能革新。

博铭维智能科技公司的融资过程比较顺利，尤其是在创业早期，通过深创赛平台，曾获得来自正轩投资和华睿信投资的数千万元天使轮投资，这对企业走上快车道大有帮助。

"2014 年，公司刚成立，我们就参加了中国创新创业大赛团队组的比赛，在深创赛的平台上，我们遇见了天使投资人正轩投资，我认为天使投资人看重的是我们这个团队，觉得我们是想做事、能做事的一群人。"代毅坦诚地说，"天使投资人拥有丰富的经验，比如他们在制造业领域有很多资源。我们当时在开发无线高清潜望镜的时候，就特别需要仔细打磨每一个细节，争取在制造环节做得尽善尽美，让产品好用、耐用，给客户带去巨大的价值。投资人给了我们很多宝贵的意见。"

他讲述了北极光创投的一个小故事：2018 年，专注于制造业投资的北极光创投开始关注到迅猛发展的博铭维智能科技公司。在决定投资之前，北极光创投派人到博铭维智能科技公司办公场所附近蹲点了一个星期，每天都实地考察员工的上下班精神状态、团队的敬业精神等，最终才决定投资。

在后续的几轮融资过程中，代毅非常注意整合各方面战略资源。他表示，将与中船一起探索在环保、工业管网、舰船维护等领域的合作，加强在特种行业的技术交流与合作，培养行业人才，成为行业的引领者。

扬帆蓝海市场

2019 年，博铭维智能科技公司的"面向海绵城市地下管网系统的机器人应用示范"项目获得深圳市科创委给予的 200 万元资助，而且被评为"龙华区 100 强科技企业""2019 年中国高科技高成长 50 强""深圳高科技高成长 20 强"。代毅并没有止步于这些荣誉，反而感受到更大的使命，保持着满满的信心，率领近 200 人的团队义无反顾地驰骋在自主创新大道上。如今公司累计申请专利超过 100 件，逐渐打开了国际市场。

随着城市建设的快速发展，城市地面建设日益完善，对地下管线的测绘、检测、清理、修复显得尤为重要，因此，对地下管线的检测和维修将是一个刚性需求。

代毅表示："博铭维智能科技公司将复杂的特种机器人技术简化呈现在设备中，便于施工人员操作使用，提高他们的工作效率，并确保人身安全。"

博铭维智能科技公司涉及的业务包括数据链、设备链、服务链。然而，要将这些业务链条完整串联起来，还要依托大数据信息处理智能化技术，这也是博铭维智能科技公司获得融资后的一个重点研发方向。

目前，地下空间数据大部分靠人工收集分析，精准度及信息化程度不高。博铭维智能科技公司所搭建的管网地下空间信息化平台，可以提升管网数据的智能化分析，让机器人获取的数据产生更大价值。比如，博铭维智能科技公司曾给深圳市供电局研发了国内首个电力管网惯性测绘系统，将机器人技术与惯性导航测绘技术融合，解决了国外产品惯性测绘产品无动力的缺陷，极大提升了惯性测绘效率。该成果将首先建立深圳市地下电力管网的三维地理位置信息，真正实现地下电力管网数字化、可视化管理，避免了城市建设过程中由于地下管道位置信息缺失而造成的各种损失。

如今，博铭维智能科技公司正在迅速完善产品体系，为城市提供全套管网生态系统解决方案，并积极开拓海外市场。此前，博铭维智能科技公司在海外市场的铺建已有所尝试，无线高清潜望镜等产品已经打入日本、韩国、印度、马来西亚、泰国、印尼等海外市场，下一步将全面提升质量、服务等水平，用更多的优质产品进一步拓展全球市场。

代毅这位"80后"创业者话语里透出乐观和自信："特种机器人市场是一个无比巨大的蓝海市场，等待我们用坚韧不拔的毅力、勤奋务实的态度去开拓。虽然我们目前还处于生存期，可我坚信只要自己走在正确的方向上，那么总有一天会成为行业的领军者，会迎来企业的发展期和鼎盛期。"

———

　　"如果怀抱享受创业过程的心态，那么在创业过程中遇到挫折就不会太痛苦，能够坚持下来。"

黄嘉曦，深圳易马达科技有限公司创始人及董事长兼 CEO。

-

深圳易马达科技有限公司于 2019 年、2020 年连续入选胡润中国潜力独角兽及瞪羚企业榜单。

黄嘉曦：

围绕绿色能源在中美两地连续创业

　　黄嘉曦的创业故事堪称经典，从与乔布斯时代的苹果公司做生意到坐在台下仰视乔布斯发布苹果手机；NBA 球星卡梅隆·安东尼曾是他的天使投资人；一手创办了美国知名的手机智能配件公司 mophie，领导智能手机移动电源市场；曾被权威杂志评为美国 TOP 15 东亚创业企业家之一。

　　如今的他，又创办了深圳易马达科技有限公司（简称"易马达"），作为中国最早进入换电市场的企业，致力于帮助电动车车主实现电动车智能化升级，解决电动车用电安全及出行续航难题。目前，易马达已获得中美绿色基金、三星风险投资、未来资产、云启资本、纪源资本和韩国现代汽车等多家国内外机构的投资。易马达 2020 年被评为"投中 2019 年度中国新能源与清洁技术产业最佳投资案例 TOP 5"；2019 和 2020 年连续入选胡润中国潜力独角兽及瞪羚企业榜单。

　　黄嘉曦说："我是一个有冒险精神的理想主义者，内心希望做与众不同的东西，希望自己做的产品和提供的服务可以改变一个行业，推动社会的进步。"

即将倒闭巧获美国球星投资

1996年，刚刚大学毕业2年的黄嘉曦平生第一次坐飞机，被当时还是国有企业的国光电器派往美国开设子公司，拓展北美市场。他初期的启动资金只有两名员工的工资、办公室租金以及最基本的运营费用。年轻的黄嘉曦凭着初生牛犊不怕虎的拼劲及过硬的业务能力在美国克服了重重障碍，使国光电器逐步成为戴尔、惠普、哈曼多媒体及苹果等多家知名公司的音响供应商，短短几年就将公司在美国的业务从0做到了5000万美元。

"我在美国的第一次创业属于大公司的内部创业，我从中锻炼了如何打磨供应链、如何开拓市场渠道的综合能力。2005年，国光电器成功上市，我则抽身开始二次创业。第二次创业的时候，我希望除了做出有技术含量的产品，还要在美国做出一个华人企业家创办的知名消费电子产品品牌。"黄嘉曦回忆道。

怀抱这样的梦想，黄嘉曦于2006年在美国创办了智能手机移动电源及周边产品品牌mophie。新公司第一个产品是为苹果iPod特别设计的一款球形音箱。这款音箱的外形及质量都非常出众，但苦于没有品牌知名度，虽然在业界获得好评，但是却一直没有打开市场，公司很快烧光了几百万美元，眼看就要倒闭了。

一天，黄嘉曦突然接到一个电话，说美国最大的体育电视台ESPN有一个给体育明星颁奖的活动，问他是否愿意提供一些mophie的音箱作为活动纪念礼品。黄嘉曦一口答应下来。

也许命运终归还是眷顾努力而不放弃的人。颁奖当天，体育明星在ESPN签到台前准备领取各公司赞助的活动纪念品。让黄嘉曦喜出望外的是，mophie音箱的小摊前排起了长队，球星们似乎对这款球状的音箱情有独钟。

而更让他惊喜的是，当在闲聊中得知 mophie 正在寻求投资人时，NBA 球星卡梅隆·安东尼通过经纪人当场表示有兴趣投资。

"当时安东尼刚刚结束新秀期，拿到了丰厚的年薪，所以他有实力投资新项目。他答应投资 50 万美元。我当时抱着试试看的态度提出他是否可以给 mophie 做两年免费代言人，没想到他非常喜欢这款产品，竟然一口就答应了。就这样，借助安东尼的这笔天使投资和品牌推广的支持，我们做了产品和方向的转型，2007 年推出了全球第一款获得苹果官方认证的背夹式手机充电电池保护套 mophie juice pack，大受市场好评。当年，美国市场的消费者曾一度用'mophie'作为手机外置电池的代名词。"

之后黄嘉曦领导 mophie 在深圳建立研发中心，持续创新，先后研发出多款深受市场欢迎的手机智能周边产品，在业界屡获殊荣。mophie 系列产品当时在全球苹果专卖店及 70 多个国家的数万零售店均拥有自己的货架。在全球拥有数千万消费者、拥有 140 多项专利的 mophie 逐步成长为美国手机移动电源第一品牌。黄嘉曦作为第一个明确提出并致力于推广手机配件智能化的人，更被誉为智能手机移动电源的市场先驱。2013 年，销售增长强劲的 mophie 更联手好莱坞新锐导演花费近千万美元，在全美收视率最高，有美国春晚之称的"超级碗"年度冠军赛上推出了被誉为年度最佳的品牌广告。黄嘉曦也成为第一位在"超级碗"投放消费电子产品广告的华裔私人企业家。可以说，第二次创业圆了他的"品牌梦"。

| 第三次创业选准绿色出行

2015 年成立的深圳易马达科技有限公司，是黄嘉曦的第三个创业公司。这家公司瞄准绿色出行，第一个产品是电动滑板车。

当时，黄嘉曦在美国遥控指挥在国内的研发团队设计出可折叠的个人电动滑板车，非常智能化，能用手机启动滑板车，还能将电池取出充电换电。然而，作为初入出行领域的"新人"，黄嘉曦和他的团队没有考虑到交通工具对售后服务的要求非常高，滑板车销售到几十个国家后，先后出现售后服务跟不上的情况及其他很多之前没有考虑到的问题。权衡利弊之下，黄嘉曦没有犹豫，在非常短的时间内果断决定放弃这个产品线。虽然公司首战失利，但是滑板车业务的经验却成为日后新创业项目的宝贵财富。

"在研发电动滑板车的时候，我们在软件、电池、能源管理等方面都积累了非常多的技术及经验。所以很自然就开始考虑能否为两轮电动车开发出一套全新的智慧能源交换网络，正是这个想法把易马达引导进入换电网络领域来发展。"黄嘉曦深知，拥有3亿两轮电动车用户的中国，市场前景不可限量。所以这一次，他逆向而行，从美国回到国内，投入到第三次创业的事业中。

今天的中国，在快递、外卖和新零售等实时配送行业爆发式增长的带动下，国内电动车用户也在快速增长。仅依靠传统电动车自身电池的应用出行模式，已经不能适应目前配送行业市场的高速发展。市场急需新产品和新的运营模式出现来改变整个市场现状，而易马达通过利用自身在锂电池领域、APP及大数据平台领先的研发能力，针对市场痛点，推出全新e换电智能换电系统，专注为全国数亿的电动车市场建立绿色安全智能的换电网络。

黄嘉曦谈及战略布局时非常高大上，而在易马达内部的管理和技术创新方面则十分接地气，完全以客户需求为导向。易马达最初始的目标就是让用户体验到从几个小时漫长充电，到实现几秒换电、满血复活的本质飞跃。

当前e换电的主要用户是美团、饿了么、达达等平台的外卖和快递骑手。他们以两轮电动车为运输工具，对充电时效性要求较高。当所骑电动车电池快耗尽时，他们拿起手机打开 APP 就能找到最近的换电柜，按提示将车上的电池插入对应号码的换电箱，再取出已满电的电池换上，就可以继续穿街走巷。"由于不再需要等待充电，通过'换电'的新方式，一名快递小哥每天可以多接十几个外卖单，多收入上百元。外卖骑手是非常辛苦的，他们经常每天工作 15 个小时以上，易马达作为骑手们的服务商，也需要 24 小时不间断在线。"

对于产品设计，黄嘉曦则延续了前两次创业时求新求变的特色。比如在电池方面，传统电池只是电化学元件，用户对其是毫不知情的，e 换电电池则打造电池全生命周期系统，可实时监测电池状态，改善用户体验；考虑到每个电池使用环境差异很大，而且会有碰撞发生，e 换电在电池里安装了振动检测器、光感器，可以随时发现电池破损情况；而其内置 NFC（近距离无线通信技术）与能源管理系统则能和换电柜进行信息传递，异常预警等；每一个 e 换电电池都衔接云端数据管理及控制，并且拥有智能化汽车级 BMS（电池管理系统），智能充放电，并进行自我诊断，远程互联，单电池云端大数据实时互联等功能。这些都是传统电池望尘莫及的功能。

而 e 换电换电柜不但拥有防水、防火、防爆、防雷、防尘的特性，同时具有异常保护和智能预警的功能；其可控制舱内温度则能够保障使用时的安全性及稳定性以满足消防政策的需求；其充电仓为强电隔离舱，具有隔离强、弱电、散热功能，从而可以既提高充电效率又保障充电安全。

专注科技创新、重视客户体验的易马达 e 换电目前拥有 77 项专利以及 65 项正在申请的专利。这些都是 e 换电最值得骄傲的成就。在 e 换电，有一群拥有改变世界的梦想，但同时又能脚踏实地做事业的人。他们彼此认可、信任、融合、创新，在企业不断成长的同时，团队及个人也在不断自我提升。

一支 300 多人的团队共同支撑了 50 个城市的产品营运、技术支持以及大量的数据流的管理。e 换电既鼓励个人成就，也重视团队合作，吸引着越来越多优秀人才的加入。

| 从零起步到多轮融资数亿元

做一个平台型公司，所需资金是相当巨大的。黄嘉曦深知自己第三次创业实际上选择了一条难行之路。

易马达创立之初，就是靠天使投资人的 600 万美元起步。黄嘉曦回忆道："我当时从第二次创业的 mophie 公司带出来一支熟悉软件和硬件的开发，也熟悉供应链管理的技术团队，做了一份商业计划书，描述了自己想做绿色出行的项目，云启资本合伙人黄榆镔和纪源资本合伙人李宏玮就给我们投资了 600 万美元。他们虽然没有看到成型的产品，但相信我们这个团队可以做出一番事业来。我很感激这两位风投家，是他们的信任和支持让我能继续在创业道路上奔跑。"

从天使轮到 A 轮，一共融资 1000 万美元，e 换电团队只做出了产品的原型。所以需要 A+ 轮的融资用于推广换电网络。在获得由韩国现代汽车等机构投资的 1000 万美元后，e 换电开始在全国布点。e 换电是韩国现代汽车直接投资中国内地的首个互联网创新项目。

从原型样机起步，到选择重点城市布点，再到全国几十个城市编织密集换电网络，每一步都需要投资商的资金支持。e 换电团队甚至多次参加各地举办的创新创业大赛，以期让更多投资人看到公司在做的事业。

就这样不断地整合资源、跨越险阻，黄嘉曦带领这支顽强的团队跋涉到 2018 年。这一年必须进行的 B 轮融资，真正让黄嘉曦彻夜难眠。因为这

2020 年 12 月 16 日，易马达在深圳举办"智能出行易马当先"2020 年度新品发布会

个时候要是不能融到数千万美元，e 换电就只能停留在小众产品层面，而不能做成一张遍布全国的大网，那么公司最初的梦想就可能会落空。

2018 年夏秋之交的几个月，黄嘉曦在北京、上海、深圳、广州等各大城市奔走，穿梭于不同的会议场所，一共面见了 150 多位投资人。那时候的中国，绝大部分投资者都还没有看好换电这个行业。他反复地给投资者解释，绿色能源普及和平台网络的建设，可能会彻底改变电动车的用电场景，将传统非智能无监控并耗时 7 到 8 小时的有桩充电，变成只需几秒就满电复活的新型换电方式的必要性及广阔市场前景。他对换电行业的诠释及理念最终获得了中美绿色基金的认可并作为领投方带来大笔注资。

黄嘉曦说："融资既是体力活，又是脑力活。那几个月，我不停地讲 PPT、讲愿景，以期打动投资人。幸运的是，我们在那年年底最终获得中美绿色基金领投，三星风险投资、日本住友集团和 Mirae Asset（未来资产）跟投，老股东纪源资本、云启资本、Translink Capital 和韩国现代汽车集团均有参与，一共获得投资超过 3 亿元人民币。这次融资使得公司集中在网点密度的铺设成为可能。"

此外，e 换电在第十一届深创赛进入了半决赛，先后获得深圳市科创委支持的研发专项补助、国家高新技术企业培育项目、宝安区配套支持规模以上国高企业的普惠奖励支持共近 400 万元的资助。

| 乘新基建东风驶入快车道

2020 年春天，新冠肺炎疫情暴发后，国内的同城配送行业异军突起，生鲜餐饮配送、定制化跑腿等行业需求量激增，解决相对应能源供应问题也成为抗疫的重中之重，两轮电动车快速换电有力地支撑起了同城配送的高效运转。

疫情期间，易马达 e 换电的业务增长很快。2020 年 1 月至 2 月，双月换电单数同比增长超过 140%；1 月 23 日至 2 月 14 日，日均换电单数仍然稳定为前一年同期的 1.5 倍；2 月 15 日后，换电单量稳定上升，很快增长率超过 50%，并且继续保持稳定增长。

黄嘉曦介绍，为了做好疫情期间的服务，易马达科学统筹，合理调配力量，全力保障骑手的能源供应。在一些因小区封闭，骑手无法进入小区换电的情况下，易马达工作人员积极与各物业部门进行沟通协商，同时"手动"为骑手换电。而另一些公共区域的换电柜压力骤增，安全换电成为重中之重，为了不影响白天用户正常使用，运维人员一般是错峰通宵工作。

令黄嘉曦感到振奋的是，2020 年年初，充电桩被纳入新基建范围内，这无疑是给电动车充换电行业注入一针强心剂。4 月 9 日，国家发展和改革委员会产业发展司副司长蔡荣华表示，为促进新能源汽车发展，国家将从三个方面继续加大对充电基础设施的投入力度。除了电动汽车的充换电问题，同时电动两轮车的充换电也逐渐被重视。据报道，中国市场拥有 3 亿两轮电动车出行用户，以及 700 万外卖人员和 310 万快递人员，两轮电动车用户日均充电次数近 1 亿次。

在这些背景下，电动两轮车的换电行业市场逐渐进入大众和投资方的视野。电动两轮车的换电企业如雨后春笋般破土而出。由于换电市场需求逐渐增大，越来越多的投资者也瞄准时机进入换电行业。

2020 年 9 月 21 日，易马达科技完成数亿元的 C1 轮融资。本轮融资由南网资本、欧洲私募股权基金 Idinvest Partners 、有着日本产业背景的人工智能基金 PKSHA SPARX Algorithm Fund、美国私募基金 57Stars 共同投资，绿动资本、青岛拥湾资本、琼碧秋实、韩国未来资产等老股东持续加注。

截至 2020 年 8 月底，易马达 e 换电已经在 54 个城市布下 8000 多个换电柜，电池交换次数每天超过 50 万次。黄嘉曦透露，2019 年易马达销售收入 1.5 亿元，现金流超过 3 亿元，均比 2018 年增加了 5 倍，2020 年比上一年业绩增长了 64%。随着新基建的进一步发展，电动车换电将重新定义电动车充电的方式，将为智慧城市发展做出更大贡献。

———

"创业最大的魅力，就是创业者是否能凝聚一群
志同道合的人，为一个共同的梦想而不断努力。"

姜颖，深圳力维信息技术有限公司创始人。

-

深圳力维信息技术有限公司荣获 2020 年罗湖区大梧桐 5G 应用场景创新大赛三等奖。

姜颖：

第三次创业转战人工智能领域

2020年10月，罗湖区党建展览上有一款特别的机器人吸引了许多人驻足。这款"红途"党建机器人拥有一个强大的"云脑"，不但装着中国共产党的100年历史，还可以通过人脸识别技术识别党员身份，提供在线缴纳党费服务。

2020年10月22日，罗湖党建展览上的"红途"党建机器人献礼

"红途"智慧党建机器人是深圳力维信息技术有限公司（简称"力维信息"）研发的产品。力维信息是知名的"人工智能＋行业应用"系统方案提供商，在图像识别应用技术研发上走在行业前列，其智慧军营和智慧社区的成功落地更是引人瞩目。

　　这家高科技公司的创始人姜颖是一位女性创业者，是一位真真切切在创业一线摸爬滚打的实干者。令人钦佩的是，她曾是一名教师，却跨界到IT行业，如今已是她的第三次创业。她说："创业最大的魅力，就是创业者是否能凝聚一群志同道合的人，为一个共同的梦想而不断努力。"

　　姜颖在创办企业的过程中，践行着跟党一起创业的信念。力维信息成立之初，就与罗湖区莲塘街道两新工委互联网高新园区党委保持紧密联系，从多个方面获得强有力的支持。姜颖从中受到深刻影响，在思想上和行动上与党组织保持一致。2017年，姜颖向党组织递交了入党申请书。同时，她召集公司已经入党的员工，积极申请成立党支部。2020年11月，在疫情暴发后的艰难发展中，姜颖转正了，成了一名真正的共产党员。

｜借助研发逆势飞扬

　　与很多企业一样，力维信息在2020年新冠肺炎疫情期间，面临着资金断流的危险。当时，力维信息在罗湖区莲塘智美国威大厦这栋甲级写字楼里有近千平方米的办公场地。可眼看数百万元应收款迟迟未能到位，公司的订单也大幅下滑，姜颖心急如焚。

　　"疫情期间，我们没有裁员，也没有降薪。为了开源节流，去年9月，我把公司搬到罗湖高新技术产业第一园区，办公面积缩小一半。为了给员工发工资，支持公司持续运营，我把自己的车子和房子拿去全部抵押贷款。

还有骨干员工给公司借款。可以说是全体员工互相支撑着渡过了难关。"姜颖介绍。

"2020年第一季度，我们迅速研发并推出人脸识别红外热成像体温监测系统，远销9个国家。这个产品帮助我们活了下来。只有在困难面前，才能深深体会到一个团队的凝聚力。我特别感恩我的小伙伴们。"

除了根据市场需要迅速推出体温监测系统，力维信息还积极响应国家"智慧军队建设"的号召，在艰难的处境中仍然投入研发，应用人脸识别技术和最先进的虹膜识别技术，以及内置图片识别引擎和深度学习算法，开发了智能枪械库管理系统。

"可以说，是研发创新让我们突破了生存极限。力维信息研制的新产品在市场上取得了突破，业绩迅猛发展，2020年第四季度业绩同比增长20%，预计2021年销售额接近5000万元。我们能众志成城扛住疫情的影响而顽强活下来，未来还要承担更重大的使命。"姜颖的语气自信而坚定。

| 独具慧眼捕捉新的研发方向

回过头来看，姜颖在对研发方向的选择上，确实有独到眼光。

力维信息在与国内无线通信龙头企业合作过程中，发现人脸识别功能是未来多个领域的创新需求，会有爆发式的增长，潜藏着巨大的商机。

2016年年初，姜颖开始布局，和哈尔滨工业大学的教授开展产学研合作，从事"人脸识别技术＋创新应用"的开发。为此，姜颖招揽人工智能人才，组建全新的软件开发团队，联合了著名的外资企业研发中心和国内高校的博导团队，进入图像识别领域，在自主创新的道路上摸索。

姜颖说，在人工智能技术发展的背景下，具有自主学习能力的卷积神经网络越来越受到重视，采用卷积神经网络技术可以大幅提高识别精度，现场的监控视频出现的角度、光线、遮挡等问题都可以得到有效解决，准确率提高到99%以上，可以很好地满足许多行业的需求。

2019年，力维信息推出一款独特的应用产品——高空抛物轨迹跟踪系统。该系统能在高空抛物发生的同时，立即追踪物体掉落的轨迹，寻找到初始抛物点。由于能及时准确地找到高空抛物的源头，该系统不但能提供高空抛物的证据，还能震慑抛物者，帮助避免因人为高空抛物带来的人身财产损失。这套高空抛物追踪系统能提供11秒的轨迹视频，能够在恶劣天气环境下完成80%的轨迹跟踪，在视线良好的天气，识别率能达到95%以上，处于业界领先水平。

2021年，高空抛物罪确定为刑法罪名并实施。可以说，力维信息在产品布局上不仅具有前瞻性，还具有强烈的社会担当和责任感。

｜几番商海沉浮终成功

单从教育背景看，姜颖和她的创业方向八竿子打不着关系。但从她的创业轨迹来看，却不难发现她拥有面对挑战的强大内心和选择目标的锐利眼睛。

1992年，姜颖从克山师范专科学校毕业。作为优秀毕业生，她来到黑龙江的一座小城的中学当政治教师，这一干就是10年，其间还获得过"优秀青年教师"称号。

"2002年，我来到深圳，到宝安一家私立中学应聘做政治老师，继续执教了一年时间。"姜颖回忆道，"2003年非典疫情暴发，那年深圳中考不考政治科目，造成政治老师不受学校领导重视。我想我必须马上找到一份新工作，没曾想这一步跨出去，就是近 20 年的商海沉浮。"

2003 年夏天，姜颖应聘到一家香港人开办的 IT 公司做销售员。经过 3 年的努力，姜颖在深圳计算机代理领域小有名气，被业界誉为 "IT 铁娘子"。2006 年，香港老板决定把正处于上升阶段的公司卖给一家上市企业。作为公司的高管，姜颖预见到自己职业生涯的天花板。

姜颖离开了深圳，到北京发展，被北京骏程利达科技有限责任公司（简称 "骏程利达公司"）聘为副总，从事系统集成业务，做了两年多时间，虽然业绩还不错，可她还是听从自己内心的声音，决定开始自主创业。

"那一年，我 35 岁，还很年轻，也很有冲劲，自己创业一直都是我的梦想。创业是一个可以尽情发挥、拼尽全力的过程，所以我就义无反顾地投入创业中去了。当时骏程利达公司的老总劝我，'买套房子比去创业的前景更好'。事实证明，他说得没错，因为创业远比打工具有挑战性，具有超高风险。"姜颖承认，自己第一次创办企业时过于急躁。

2008 年，姜颖用 50 万元注册成立了北京智强远望科技有限公司，主要做系统集成业务。虽然第一年也做了几百万元的集成业务，可姜颖已经感到精疲力竭，因为小企业要做大型项目，资质和资金都是大难题。"我们公司也被列为中央政府采购网的供应商，包括给国资委、人民大学医院供货，可我们没有实力去满足各类客户的需求，也没有办法承接更大的项目。有时需要垫付大笔货款，如果大客户没有及时支付尾款，我们就承受不了那么大的资金压力，必然导致项目延迟交付，甚至连按时发工资都很困难。通过这次创业，我深深懂得，创办企业光有客户是远远不够的，还需要资金能持续跟上，要具有持续盈利的能力。创业 3 年，耗费掉所有创业资金后，我将公司卖掉了。"

2019 年 9 月 30 日，力维信息党支部庆祝中华人民共和国成立 70 周年

　　姜颖深刻反思，认清自己的现实条件后，回到骏程利达公司继续做高管。这次她不仅带着新业务跟老东家合作，还获得了 20% 的股份。她非常感恩骏程利达公司的老板再一次为她的发展提供了机会和支持。

　　"我们一起做了天虹基金信息化项目，承接了余额宝第一期数据库系统硬件供货的业务，还承接了甘肃政法大学信息化项目。这段经历锻炼了我对大项目的全盘掌控的能力。后来，我南下深圳再次创业，这是骨子里的不安分细胞，让我决定再闯一次。"

　　2013 年，内心创业的火苗再次燃起。这一次，姜颖瞄准了"互联网 +

服务"行业。经过两年的筹备，在项目即将推向市场的关键时刻，创始人内部意见产生分歧，姜颖毅然退出。

2015年9月，姜颖在深圳市罗湖区注册了深圳力维信息技术有限公司。作为IT领域的老将，姜颖清醒地知道，这个时候互联网红利已经过去了，而人工智能在全球范围正风生水起，瞄准人工智能领域才有大发展的机会。

这次创业，姜颖已经有了运筹帷幄的老将风范。她选择了深圳。这里是创业者的乐园，这里的政府部门务实高效，力维信息一入驻互联网产业园就受到了罗湖区科技主管部门和莲塘街道的关注和支持。"基于深度学习的动态人脸识别追踪系统"项目于2017年年底结出了硕果——参加了首届罗湖区创新创业大赛，获得深圳市科技创新委员会80万元、罗湖区40万元的创业资助。这套"基于深度学习的动态人脸识别追踪系统"被搭载到执法记录仪和智能摄像头等产品中，最新人工智能技术在公安执法领域发挥了强大的威力。

| 带领一群人成功，才是有价值的成功

连续创业的经历，让姜颖切身体会到创业的艰辛，同时也深深知道，一个人的梦想，不可能由一个人去完成。许多年轻人心中也燃烧着创业的激情，但是受诸多条件的限制，并不是所有的创业激情都能由梦想成为现实。

2020年初夏，面对疫情下企业发展的艰难处境，一个大胆的想法在姜颖脑海中开始酝酿：与有梦想、有激情、有才华的年轻人一起创业。

她开始实施"力维平台＋创业合伙人"计划，将多年的经验积累、多年的客户积累以及资金悉数拿出，从公司内部联合技术负责人、销售负责人一起成立创业合伙人团队，一个平台＋一套系统＋一个成熟运作团队，

在第四届罗湖区大梧桐创新创业大赛总决赛上，力维信息获 5G 应用场景创新大赛三等奖。姜颖（右二）与颁奖嘉宾和主办方合影

开始新一轮的创业。姜颖对创业梦想的坚持吸引了潘志明。这个曾经任职于 IBM 的架构师，成为姜颖第一个创业合伙人团队的技术负责人。潘志明带领的创业合伙人团队在 2020 年下半年就取得了喜人的成绩，所研制的 5G 智能商业服务机器人荣获罗湖区大梧桐 5G 应用场景创新大赛三等奖。

姜颖发自肺腑地说："如果这个模式能成功，未来将会复制下去，也会有更多的创业合伙人出现在力维这个平台上，只要你是有激情、有梦想、有能力、有品格的'四有人才'，愿意为自己的事业付出所有的努力，你就有可能成为这个创业合伙人团队中的一员。因为自己曾经是一名光荣的人民教师，我奉行的座右铭是：一个人的成功并不值得骄傲，带领一群人成功，才是有价值的成功。我也一直在这样的道路上努力奔跑。这是我的战场，我永远充满着战斗力！希望我走得足够远，也不会让跟随的任何一个人掉队。"

———

"团队要高效协同，人才互补。"

谢兮煜，深圳腾视科技有限公司创始人、CEO。

深圳腾视科技有限公司荣获 2019 年第十一届中国深圳创新创业大赛电子信息行业决赛企业组
二等奖。

谢兮煜：

用人工智能守护生命安全

    2020 年春天，专注人工智能驾驶创新的深圳腾视科技有限公司（简称"腾视科技"）宣布完成数千万元 A 轮融资。本轮融资由高通创投领投，方正和生、丰厚资本、鼎青创投跟投，其中方正和生作为 Pre-A 轮融资的领投方，本轮继续加码。值得一提的是，腾视科技曾获得松山湖机器人产业基地联合发起人、香港科技大学教授李泽湘教授旗下的基金天使轮投资。因此，在资本市场上，这家成立才 3 年的硬核科技公司显得信心十足。

    腾视科技自 2017 年 10 月创办以来，致力于在 5G 赛道上发展智能驾驶、智能交通垂直行业的科技创新和应用，专注于人工智能驾驶和新一代智能车联网平台开发及应用，是中国对高端辅助驾驶领域技术积累最早的公司之一。

    腾视科技 CEO 谢兮煜是一名连续创业者，他曾在华为工作 8 年，也曾经历过创业失败的痛苦。回首来时的路，谢兮煜感慨地说："有的学费不得不交，因为有的坑需要亲自经历才能得到血的教训。我庆幸的是，经过几年的摸索，终于找到了可以为之奋斗一辈子的事业方向，那就是用人工智能守护生命安全。"

因为喜爱所以蹭课学计算机

谢兮煜本科毕业于哈尔滨商业大学信息管理与信息系统专业，在校期间成绩优异，特别喜欢计算机，就到同城的一所高校蹭课，然后蹭课和自学，毕业前考取了计算机高级程序员证书。

"回想起那时，那个阶段我还是相当能吃苦和自律的，休息时间都用来钻研计算机了，同时养成了早起跑步的习惯，特别是东北零下几十度的环境里，感受到严寒的环境对于人意志的考验。"出生于四川山城的谢兮煜笑着说，"早在 2002 年 11 月，我临近毕业到深圳找工作，深圳给我的第一印象就是太美了，从罗湖火车站出来，穿着厚厚棉裤的我看到深圳人穿着秋装，羡慕至极。接着乘车经过深南大道，一路的绿树红花，我觉得这就是我要扎根的城市啊！"

谢兮煜 2003 年大学毕业，正好赶上非典疫情，他就在学校附近的黑龙江傲立公司做了几个月时间的软件开发工作。

进入华为工作得到多方面历练

2004 年，谢兮煜辞职南下，来到深圳，顺利进入华为工作。用谢兮煜的话说，"在华为的每一天都充满挑战，时刻准备接受新的考验"。他先从软件工程师做起，做了 3 年 CDMA 通信的软件开发和测试，2006 年被派到上海做异地技术研发，2007 年到广西百色负责将新产品推荐给客户试用，下半年被派到印度海得拉巴开拓市场，出任市场客户经理。从此，他从一名技术开发人员，成功转型为高级商务人才。

"华为的企业文化强调以客户的价值观为导向，以客户满意度为标准，也鼓励我们深入基层了解客户的需求，所以我来到印度后，与当地的运营商打成一片，深入了解当地的需求。"谢兮煜印象最深刻的是，每次回国都要采购很多瓶"老干妈"和挂面带到印度，对他来说，咖喱饭实在是难以下咽，直到后来他慢慢适应了当地饮食习惯，在印度的营销工作也开展得很顺利。

2008年，谢兮煜更换了部门，来到华为终端采购部工作，担任了4年采购商务经理。离开华为时，他个人负责的采购金额超过40亿元。"在华为不同岗位工作，我锻炼了软件研发、市场开拓、商务谈判等多方面的能力，尤其在采购部门做商务谈判期间，华为芯片供应商大多来自海外，硅谷供应商带给我很多前沿的信息，这也是我选择创业的直接原因。"

原来，谢兮煜从硅谷供应商那里了解到，由于技术的进步，安防所用的摄像头从模拟信号转为数字信号，接下来会从数字再变为智能化，未来安防领域将是一个巨大市场。他隐隐约约感觉到这里面蕴藏着创业的良机。

| 从首次创业失败中吸取惨痛教训

"在华为工作8年为我日后创业打下坚实的基础，包括组织研发、跟客户有效沟通的经验等，这些都是创业者必须具备的能力。但我第一次创业时并没有意识到作为高管下海创业，最重要的事情是做战略决策要选准赛道、选准产品方向。由于我在战略决策方面做得不够，造成了第一次创业失败。"谢兮煜所提到的第一次创业，是2012年10月他离开华为后，在安防监控行业进行创业，创办了深圳市顶视佳科技有限公司。

当时，公司注册在观澜，主要业务是与电信公司合作，把小区的弱点系统整合集成在一个平台上，通过云端算法帮助物业公司实现智慧社区的管理，包括远程开门、智能安防、智能家居控制等。

"这个商业模式路径太长，需要大笔资金用于垫资，原本属于大公司才能参与的赛道，结果我们冒失地闯进来，经营起来很不轻松。加之我们首次创业，财务管理不规范，融资也无法进行。联合创始人对企业前途失去信心，选择离开，这对我也是沉重的打击。"谢兮煜创业 3 年，没有领到一分钱工资，还拿出一笔钱去购买离职创始人的股份，这令他感到非常郁闷，也陷入了对未来何去何从的沉思。

谢兮煜从 2015 年开始调整研发方向。他曾看到一组数据，有 93% 的车祸是人为的原因造成的。他决心用人工智能技术来减少车祸的发生。因此，他把团队的核心研发人员组织起来，聚焦于安全管理，通过人工智能、深度学习、人脸识别等技术保障生命财产的安全。

李泽湘教授成为天使投资人

2017 年 10 月，深圳腾视科技有限公司在深圳市南山区科技园里悄然成立，办公场地仅 30 多平方米，只有十几个员工，而这些员工大多在谢兮煜身边一起战斗了近 3 年，智慧驾驶的产品经过精心打磨已见雏形。

现在回头看，2017 年是腾视科技破壳而出的第一阶段，不仅获得了来自高铁行业的第一个订单，而且获得了来自大疆的天使投资人李泽湘教授 500 万元的天使投资。

"我们的产品最初是针对汽车司机开发的，对驾驶员的行为进行监控并通过人工智能算法即时反应，比如发现驾驶员打哈欠或者打瞌睡，就会用座椅震动、喇叭叫醒司机，这样就避免了因为驾驶员疲劳驾驶引发车祸。"谢兮煜在淘宝上开店挂出了这个黑科技产品，取名叫"疲劳驾驶预警仪"，

腾视科技参加高交会

但最初并没有获得汽车司机的订单，反而引起高铁行业用户的关注。

"我接到一个电话，需要采购无感的防止疲劳驾驶的设备，我随口报价几千元一台，对方立马采购了两台，这让我意识到这可能是一个真实的需求。"谢兮煜回忆，没过多久，这个用户给了使用后的反馈，肯定了产品的诸多优点，比如，可以穿透墨镜识别司机行为，而且带有声、光、电多种提示功能，同时还提出了不少具体的改进意见。原来他们是将"疲劳驾驶预警仪"用于高铁的驾驶场景中，对产品的角度范围要求更宽，对稳定性也要求更严格。

谢兮煜立即组织研发，还带领技术人员去铁路局上轨道车做试验。但这个周期无比漫长，谢夯煜很快就把非常有限的自有资金全烧光了。2017年年底在朋友引荐下，谢夯煜见到了慕名已久的李泽湘教授。

"我当时带了一个样品和一份 PPT，介绍了大约半小时。李教授当即同意给我们投资 500 万元。我非常欣喜，但也很坦诚地告诉李教授，公司账面只剩几十元，无以为继。李教授当时就同意先借 200 万元给我们维持企业经营，后来办完股权变更手续，投资款全部到位，他一共投资了我们500 万元。这是雪中送炭的资金啊，帮助我们完善产品，实现量产，收获了第一批客户。"

好消息接踵而来。2018 年 11 月，广州铁路局出台了文件，腾视科技研制的便携式动车组司机状态预警系统已经通过集团科委组织的技术评审，建议推广使用。

同年 12 月，方正和生的投资经理阎航对车载项目非常了解，熟悉硬件和软件技术，因此很看好腾视科技所选择的智能驾驶的创业方向。方正和生作为 Pre-A 轮投资机构给予腾视科技 1200 万元的注资。这让腾视科技如虎添翼，迅速推出新的产品。

| 深创赛获奖，投资机构蜂拥而至

2019 年秋天，南山"创业之星"5G 应用专业赛上，一名长相清秀、带着四川口音的路演者吸引了评委们的目光。他不仅对无人驾驶的未来市场很熟悉，而且对人工智能技术也有深刻的理解，同时拥有华为的从业背景和创业失败的经历，这类金牌创业者成为评委们一致看好的对象。谢夯煜夺得南山"创业之星"5G 应用专业赛成长组第一名。之后，腾视科技又荣获第十一届中国深圳创新创业大赛电子信息行业决赛企业组二等奖。

深创赛获奖后，投资机构蜂拥而至，谢夕煜开始挑选合作机构，围绕企业的战略布局，对有产业资源的投资机构更为青睐。于是，由高通创投领投，方正和生、丰厚资本、鼎青创投跟投，腾视科技完成数千万元 A 轮融资。此次融资主要用于加大技术研发，加强关键技术创新，加速智能驾驶市场拓展。

谢夕煜表示，在智能驾驶这个细分领域大有可为。第一，未来中国智能驾驶领域有百亿的市场空间；第二，智能驾驶领域不仅仅是算法、技术上的突破，还需要整合芯片、设备、平台、应用等，实现端到端的打通。本轮融资使腾视科技能够进一步加强技术创新，加速智能驾驶技术在全球的布局。

目前，腾视科技的智能辅助驾驶产品已经销往国内 20 多个省份，以及海外 10 多个国家和地区，覆盖物流车辆、客运大巴、出租车、网约车、工程车辆、前装车厂等领域。

丨把人工智能守护生命安全作为使命

"研究数据显示，93% 的交通事故为人为因素造成的，将近 80% 的碰撞事故，是司机的分心或者疲劳驾驶所造成。如果提前 1.5 秒警示，可以防止 90% 的前方追撞事故；提前 2.0 秒警示，可以防止几乎所有的前方碰撞。据美国国家公路交通安全局公布的数据，在各种生理特征与驾驶疲劳的相关性中，PERCLOS 与疲劳的相关性最佳。这里的 PERCLOS 是指单位时间内眼睛闭合时间所占的百分率。用人工智能图像识别技术，比如，提取与眨眼频率相关的信息，分析眼睛闭合或打呵欠的时间周期来估计驾驶员的疲劳程度。而且，通过一些车载物理传感器，特别是方向盘动力学、油门 /

2020 年腾视科技迎春年会

制动控制系统和相关参数的信息，能够检测驾驶员驾驶行为的变化，并从中推测疲劳／嗜睡程度。针对这些现象，我们的系统会做出相应的预警和提示，解决疲劳驾驶带来的潜在危险。"谢兮煜对交通安全相关数据和人工智能技术了然于胸，他把用人工智能守护生命安全作为自己的使命。

如今，腾视科技已和多所高校、科研院所深度合作，申请了 70 多项专利和著作权，获得授权专利超过 30 项，开发了新的人工智能感知技术，加速汽车产业数字智能化升级。

以前，腾视科技只有数字产品和智能系统，现在搭建了数据平台，提供给保险公司做风控评估，再对客户进行保费的适当调整，瑞士再保险公司、平安保险等保险公司均与腾视科技展开了业务合作。

2020 年年底，腾视科技的办公场地迁入宝安区顺恒利大厦，占地 2000

平方米，人员接近100人。短短3年时间，腾视科技发展速度惊人，谢兮煜感受到在资本力量的助推下，企业逐渐发展，日益壮大。

就如当年第一次来深圳，深圳的城市建设让谢兮煜感到无比惊艳一样，他对深圳的产业配套环境同样赞不绝口：“创业之后，我感觉深圳是最适合创业的城市，尤其是对智能硬件的创业者来说，这里的产业链配套极为完备，样品打样、零部件采购等十分便捷，大大缩短了新产品研发和面市的时间。深圳金融配套服务也很好，我们2021年将启动A+轮融资，用于‘5G+北斗+服务平台’的技术研发投资，2021年有望实现1.2亿元以上的销售收入，3年内将申请登陆资本市场。”

创业者要享受创业的过程

　　创业是又苦又累的活儿，随时会面临倒下的风险，创业失败是大概率的事件。而在创业大军中，有一些人曾多次创业，而且遭遇过创业失败的窘境。他们为什么能在创业道路上一直坚持下来呢？

　　深圳易马达科技有限公司董事长黄嘉曦的三次创业中，经历过产品研发方向的失误，也有过资金短缺面临倒闭的苦闷，他坚持下来的秘诀就是享受创业的过程。黄嘉曦说："这是因为我是一个理想主义者，我享受着创业的过程，我坚信自己在做一件有意义的，可以改变社会的事情，所以我并不觉得苦。这就好比健身，健身过程中要流汗，但如果你觉得健身是保持健康的必要途径，你就会很享受流汗的过程，再苦的过程你都会甘之若饴。同样，如果怀抱享受创业过程的心态，那么在创业过程中遇到挫折就不会太痛苦，能够坚持下来。反过来，如果一个人纯粹是为了赚钱或者为了创业者的光环，那么遇到困境时心理压力就会很大，反而很难成功。因为我自己很享受创业的过程，所以我希望我的员工也加入这个一起追梦的过程中来，为中国的绿色出行添砖加瓦，做出自己的贡献。希望在不久的将来，我的员工们都能和我一起享受到创业成功的乐趣。"

　　深圳市博铭维智能科技有限公司创始人代毅表示，很享受创业过程中的成就感，这是他坚持创业的根本动力。他说："千万不要为了赚钱而创业，赚钱只是水到渠成的结果。创业不仅需要激情，更需要的是坚持和韧劲。博铭维智能科技公司在对地下管道检测和维修过程中，发现了更多的需求痛点，然后用技术和产品不断解决痛点，获得一种成就感，从而更坚定了我们的目标。为了这个目标，我们团队可以付出很多，可以紧密团结在一起，这就是企业存在的价值和意义。"

由于曾经经历过创业失败，因此连续创业者对如何"活下去"理解得更为深刻。深圳腾视科技有限公司创始人谢分煜说："我决心对现金流实行严格管理，不能让企业面临缺血关门的危险，'活下去'成了企业最重要的目标。宁愿前进速度稍微放慢点，宁愿收益没有最大化，但是一定要有 B 计划，任何时候都要留有余地，随时准备应付预想不到的情况，因为企业面临危机时大多数情况下只能靠创始人自救。华为创始人任正非的讲话总是充满强烈的危机感，反复强调'活下去'和'出路'的问题。我创业之后才切身体会到'活下去'这三个字的重大含义。"他认为，接地气的做法可以让企业活得更久，一些不够务实的做法则可能害死企业。

深圳力维信息技术有限公司创始人姜颖认为，让企业"活下去"，活得足够久，其实是对创业者意志力的极大考验，如果没有强大的心理素质，就不适合创业，更不适合连续创业。拥有强大的心力，是连续创业者的法宝，只有自己的心强大了，才能面对各种挑战。

连续创业者，普遍强调社会使命和责任担当。比如，深圳市航顺芯片技术研发有限公司创始人刘吉平说："等企业做到一定规模了，则要从生意人转变为企业家，要有很强的社会责任感，要为国家和社会做实事。有了社会担当，才是真正的企业家。比如，华为研发的 5G 技术让世界上万物互联提速了，小米的电子产品物美价廉，腾讯和阿里巴巴让我们生活更便利，这些企业的创始人就是优秀的企业家，他们对国家和社会做出了积极贡献。

有社会担当的企业家，其所经营的企业越大，对人类和对国家的价值就越大。这些企业家才是我们创业者的榜样。"

又如，黄嘉曦说："作为首席执行官，我承诺会尽其所能给每位易马达的员工提供能使他们施展才华、追求梦想、实现自己人生价值的舞台。易马达不仅是目前全球换电市场的领导者，更是首个提出绿色能源智能网络概念的创新企业。电动车换电重新定义电动车充电的方式，将为智慧城市发展做出更大贡献。"他的语气透出强烈的自豪感，这也是他对自己所担使命的一份誓言。

后记

　　《深圳创业故事 2》的出版计划在 2019 年下半年就已经开始酝酿，并准备在 2020 年深创赛期间正式出版，却因为突如其来的新冠肺炎疫情，已经做好的规划只能按下暂停键。等到具备重启条件的时候，2020 年已经过半。

　　尽管遇到很多意料之外的困难，但我们始终没有放弃。如今，这本书终于要正式出版了。在此，要特别感谢每一位接受采访的创业者，他们在承受着疫情重大考验的情况下，还抽出宝贵时间耐心地回忆创业的历程，总结创业的教训、经验和收获，希望能为深圳的创新发展贡献力量。

　　2018 年《深圳创业故事》出版的时候，我们希望深圳创业故事越来越丰富，越来越精彩。2020 年举行的第九届中国创新创业大赛深圳赛区暨第十二届中国深圳创新创业大赛，让我们看到深圳创业故事的另一层底色——敢于逆势拼搏。这届大赛吸引了 6432 个项目报名参赛，同比增长 5.9%，展现了深圳创业者顶住疫情考验的强大信心，以及勇于担当、不屈前行的风采。

　　深圳创业者的这种风采，也体现在《深圳创业故事 2》里面：有的企业直接助力"抗疫"，加班加点研发生产紧缺产品；有的企业及时制作宣传片，免费提供给媒体使用，帮助民众科学"抗疫"；有的企业顶住经营压力，为国内外近百家医院提供筛查服务；有的企业遭受巨大冲击，却勇敢地调整战略逆流而上……

我们从没预料到会在这本书里记录下在如此特殊的背景下创业者生存发展的状态。这一年尽管艰辛，却也让我们更加深切地感受到，创业者追求财富的表象之下，是和国家共呼吸、共进退的赤诚之心。

2020年10月14日，习近平总书记在深圳经济特区建立40周年庆祝大会上强调，"必须坚持创新是第一动力，在全球科技革命和产业变革中赢得主动权"，"要坚定不移实施创新驱动发展战略，培育新动能，提升新势能，建设具有全球影响力的科技和产业创新高地"。自2009年以来，深圳市已连续12年举办深创赛，吸引了3.62万个项目参与比赛，培育出11家A股上市企业（含3家科创板）。据不完全统计，截至2020年4月，已有1388家企业获得国家高新企业认定，620家企业获得深圳市高新企业认定。这些企业为深圳的创新驱动发展贡献了重要的力量。我们相信，深圳在建设粤港澳大湾区国际创新中心和中国特色社会主义先行示范区的征途中，将会吸引越来越多的创新创业者。我们也将继续讲述精彩的深圳创业故事。

是为记。感谢每一位勇敢前行的奋斗者。感谢每一位为本书辛勤付出的参与者。

本书编委会